Simon C. Kuttenkeuler

Entwicklungsprobleme deutscher Brauereien am Ende des 20. Jahrhunderts

Simon C. Kuttenkeuler

ENTWICKLUNGSPROBLEME DEUTSCHER BRAUEREIEN AM ENDE DES 20. JAHRHUNDERTS

ibidem-Verlag
Stuttgart

Die Deutsche Bibliothek - CIP-Einheitsaufnahme:

Ein Titeldatensatz für diese Publikation ist bei
Der Deutschen Bibliothek erhältlich

∞

Gedruckt auf alterungsbeständigem, säurefreien Papier
Printed on acid-free paper

ISBN: 3-89821-124-X

Printed in Germany

Inhaltsverzeichnis

Seite

Darstellungsverzeichnis

Seite

Abkürzungsverzeichnis

A	Österreich
Abb.	Abbildung
AfG	Alkoholfreie Getränke
AG	Aktiengesellschaft
ATD	Anlagenbau und Technische Dienstleistungen
Aufl.	Auflage
B	Belgien
Bayer.	Bayerische(n)
BBAG	Österreichische Brau-Beteiligungs AG
BBB	Bayerischer Brauerbund e.V.
BDH	Bundesvereinigung Deutscher Handelsverbände
BRD	Bundesrepublik Deutschland
bspw.	beispielsweise
BVL	Bundesverband des Deutschen Lebensmittelhandels e.V.
bzw.	beziehungsweise
ca.	circa

CBMC	Confédération des Brasseurs du Marché Commun - Die Europäischen Brauer
CMA	Centrale Marketinggesellschaft der deutschen Agrarwirtschaft mbH
D	Deutschland
DBB	Deutscher Brauer-Bund e.V.
DDR	Deutsche Demokratische Republik
d.h.	das heißt
„Dinks“	Double Income, no Kids
Dir.	Direktor
Diss.	Dissertation
DK	Dänemark
DLG	Deutsche Landwirtschaftsgesellschaft
DM	Deutsche Mark
DPA	Deutsche Presse Agentur
Dr.	Doktor
dt	Dezitonne
E	Spanien
EIR	Irland
erw.	erweiterte
EU	Europäische Union
e.V.	eingetragener Verein

F	Frankreich
FAZ	Frankfurter Allgemeine Zeitung
FIN	Finnland
FP	Freihopfenpreis
G	Gramm
GAM	Getränkeabholmarkt
GB	Vereinigtes Königreich von Großbritannien
GFGH	Getränkefachgroßhandel
GfK	Gesellschaft für Konsumforschung
GR	Griechenland
hl	Hektoliter
Hrsg.	Herausgeber
HV	Hauptversammlung
I	Italien
IKB	Industriekreditbank
incl.	inclusive
Jg.	Jahrgang
Kap.	Kapitel
kg	Kilogramm
L	Luxemburg

LC1	spezielle Lactobacillus-Stämme
LEH	Lebensmitteleinzelhandel
mbH	mit beschränkter Haftung
Mio.	Millionen
Mrd.	Milliarden
N	Norwegen
NG	Nahrungs- und Genußmittel
NL	Niederlande
Nr.	Nummer
o.J.	ohne Jahr
o.S.	ohne Seite
o.V.	ohne Verfasser
P	Portugal
PEN	Polyethylennaphthalat
pers.	persönliche
PET	Polyethylenterephthalat
qm	Quadratmeter
Rep.	Republik
ROI	Return on Investment
S	Schweden
s.	siehe

S.	Seite
SAB	South African Breweries
sog.	sogenannt/e
SZ	Süddeutsche Zeitung
t	Tonne
TDM	Tausend Deutsche Mark
Thl	Tausend Hektoliter
TU	Technische Universität
u.	und
u.a.	und andere; unter anderem
USA	United States of America (Vereinigte Staaten von Amerika)
v.	von
verb.	verbesserte
Verein.	Vereinigte
vgl.	vergleiche
VP	Vertragspreis
z.B.	zum Beispiel
zit.	zitiert nach
Ztr.	Zentner

1. Einleitung und Aufbau der Arbeit

Seit fast 1000 Jahren ist Bierkonsum in Deutschland nachweisbar. So bezeichnet sich die heute staatliche Brauerei Weihenstephan (Freising), mit dem Gründungsdatum 1040, als die älteste Braustätte der Welt.[1] Traditionell hat Bier als jahrhundertealtes Kulturgetränk einen besonderen Status in Deutschland. Es zeichnet sich vor allem durch die große Sortenvielfalt, die sonst nirgends auf der Welt zu finden ist, aus.

In zunehmendem Maße ist jedoch dieser alte Industriezweig, der seit seinen Anfängen Höhen und Tiefen durchlaufen hat, von einem tiefgreifenden Wandel betroffen. Dieser führte in den letzten Jahren dazu, daß jedes Jahr Brauereien aufgaben und mit ihnen ein Stück Kultur verlorenging. Die weltweite Einzigartigkeit der deutschen Brauwirtschaft in Struktur und Vielfalt wird durch diesen Prozeß bedroht. Offensichtlich hat die Brauindustrie am Ende des ausgehenden 20. Jahrhunderts mit Problemen und Schwierigkeiten zu kämpfen, die sich nicht mit früheren Krisen vergleichen lassen.

Die vorliegende Arbeit will diese Entwicklungsproblemen der deutschen Brauwirtschaft am Ende des zweiten Jahrtausends aufzeigen. Da Deutschland zunehmend im wachsenden europäischen Binnenmarkt eingebunden ist, geht die Arbeit von einer allgemeinen Darstellung der Europäischen Brauwirtschaft aus, um dann darauf aufbauend, auf die besonderen Strukturmerkmale der Deutschen Brauwirtschaft einzugehen.

Im darauf folgenden dritten Kapitel wird das sich wandelnde Verbrauchsverhalten und der sich vollziehende Konzentrationsprozess anhand von Entwicklungslinien aufgezeigt. Es schließt sich eine umfassende Untersuchung der Ursachen für diese Entwicklungen an, denn das Erkennen der Problemwurzeln stellt die Voraussetzung dar, um den Problemen wirksam begegnen zu können und gegen sie vorzugehen.

[1]Vgl. Seidl, C., Noch ein Bier, 1993, S. 136-137.

Ausgehend von den demographischen Faktoren und dem gesellschaftlichen Umbruch wird die ebenfalls dem Wandel unterworfene Abnehmerstruktur dargestellt. Dabei wird das Augenmerk zuerst auf die Konsumenten gerichtet, um danach die Veränderungen bei den Absatzmittlern zu betrachten. Weitere Ursachen wie verschärfter Wettbewerb innerhalb des Braugewerbes und rechtliche und wirtschaftliche Rahmenbedingungen bilden den Abschluß der Betrachtung exogener Einflußfaktoren. Einige innerbetriebliche, den weiteren Konzentrationsprozeß begünstigende Ursachen werden zum Schluß des dritten Kapitels exemplarisch aufgezeigt, um die Fülle der Problemursachen zu verdeutlichen.
Im anschließenden vierten Kapitel werden schließlich mögliche Positionierungsstategien aufgezeigt und auf Lösungsansätze übertragen. Hiernach werden für einzelne Bereiche konkrete Vorschläge zur erfolgreichen Marktbehauptung unterbreitet.
Das fünfte Kapitel enthält ein abschließendes Fazit und eine Würdigung der vorgebrachten Sachverhalte.

2. Struktur und wirtschaftliche Bedeutung der Brauwirtschaft

2.1. Die Europäische Brauwirtschaft

Weltweit wurden 1999 ca. 1.345,5 Millionen Hektoliter Bier gebraut, davon wurden mehr als ein Drittel in den europäischen Sudkesseln erzeugt.[2] In Europa befinden sich auch mehr als die Hälfte aller Brauereien der Welt.[3] Allein in der Europäischen Union haben im Jahre 1999 1673 Brauereien mit 119.222 Beschäftigten knapp ein Viertel des globalen Bierausstoßes produziert.[4]

In den 15 Mitgliedsstaaten der EU, einschließlich der Schweiz und Norwegen[5], sind nach Angaben der CBMC circa weitere 2.265.000 Erwerbstätige direkt von der europäischen Brauwirtschaft abhängig. Sie arbeiten in den Bereichen Handel, Distribution, Gaststätten, Bars, Cafés und Kneipen. Außerdem sind circa weitere 1.400.000 Arbeitsplätze indirekt mit der Brauindustrie verbunden (z.B. im Bereich der Landwirtschaft, Verpackungsindustrie, Maschinenbau, Fahrzeugbau Gaststättenausstattung und Reinigungsservice). Somit hängen nach Erhebungen des CBMC knapp 3,8 Millionen Arbeitsplätze von der Produktion und dem Vertrieb von Bier direkt oder indirekt ab.[6]

---

[2]Vgl. Joh. Barth & Sohn, Barth Bericht 1999/2000, 2000, S. 5.

[3]Vgl. Rudolf, K., Bier – Guide, 1998, S. 37.

[4]Vgl. Deutscher Brauer-Bund, Brauwirtschaft in Zahlen, 2000, S. 17.

[5]Alle folgenden Angaben in diesem Kapitel beziehen sich der Statistik der CBMC folgend, auf die Mitgliedsstaaten der EU einschließlich der Schweiz und Norwegen (da sich die CBMC aus den nationalen Mitgliedsverbänden dieser Staaten zusammensetzt)

[6]Vgl. CBMC, A new policy for beer excisee in Europe, 1995, S. 2; CBMC, Le partenariat brasseur – cafés/hotels/restaurants, 1998, S. 5.

Jedes Jahr benötigen die Brauer in Europa rund 4.800.000 t Malz und andere Getreide, 40.000 t Hopfen, 50.000 t Früchte in Spezialbieren und 160.000 t Zucker (Früchte und Zucker werden in Deutschland gemäß dem Reinheitsgebot nicht verwendet).[7]
Nach Europa wurde 1998 24,4 Millionen Hektoliter Bier importiert, während gleichzeitig 40,4 Millionen Hektoliter von der europäischen Brauindustrie exportiert wurden. Dies entspricht ca. 60 Prozent der Bierexporte weltweit. Darüber hinaus hat die Brauwirtschaft einen Anteil von 1,5 Prozent am Bruttosozialprodukt der EU, und damit insgesamt mehr als 100 Milliarden Euro.[8] Im gleichen Jahr wurden insgesamt 8,33 Milliarden Euro an Biersteuer gezahlt; zusammen mit der Einkommenssteuer, Körperschaftssteuer und den Sozialabgaben ergeben sich damit über 40 Milliarden Euro jährliche Abgabenlast für die europäischen Brauer.[9]
Diese Zahlen zeigen deutlich, daß der europäischen Brauindustrie eine gewisse ökonomische Bedeutung innerhalb der europäischen Volkswirtschaft zukommt.

Der Europäische Biermarkt ist aber keineswegs ein homogenes Gebilde. Er unterscheidet sich strukturell von Land zu Land zum Teil erheblich. Besonders deutlich wird dies beim Vergleich der Braustätten pro Land (siehe Tabelle 1), am Bierausstoß in den einzelnen Ländern (Tabelle 2) und am durchschnittlichen Ausstoß je Braustätte, der im nachfolgenden Diagramm 1 dargestellt wird.

---

[7]Vgl. CBMC, Die Europäischen Brauer, S. 4.

[8]Vgl. Valcavi, G., The World of Beer Nr. 28, 2000, S. 16-18; CBMC, Die Industrie und die Verbraucher, www.cbmc.org/depages/indust.htm, 2000.

[9]Vgl. CBMC, A new policy for beer excisee in Europe, 1995, S.20; CBMC, Beer Facts, 1999, S. 4.

Diagramm 1: Durchschnittsausstoß je Braustätte 1999.

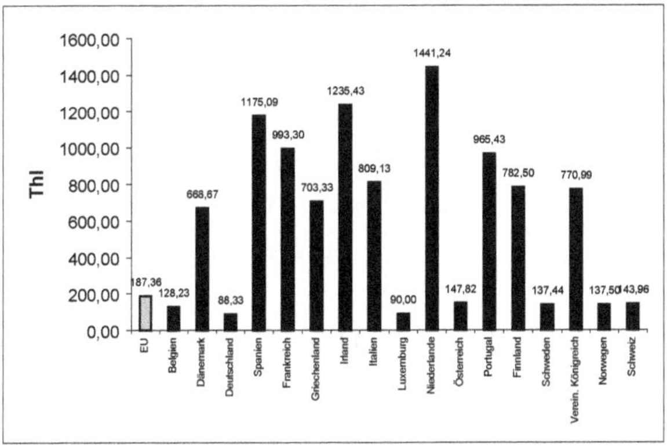

Eigene Darstellung nach eigenen Berechnungen aus Tabelle 1 und Tabelle 2.

Obwohl der Durchschnittsausstoß je Braustätte für die einzelnen Länder durch die unterschiedliche Betriebsgrößenstreuung verzerrt wird[10] und somit nicht hundertprozentig aussagekräftig ist, so wird doch tendenziell deutlich, daß erhebliche Unterschiede in der Braustättengröße innerhalb der EU vorliegen.

Obgleich mit den europäischen Richtlinien zumindest für die EU-Mitgliedsstaaten eine Steuerharmonisierung erreicht werden sollte, sind auch die Biersteuersätze und Bierbesteuerungssysteme in den einzelnen Ländern der Europäischen Union durch sehr große Unterschiede gekennzeichnet (siehe auch Tabelle 3). Grund dafür ist die Tatsache, daß lediglich ein Mindestsatz für Biersteuer festgelegt wurde. Dieser beträgt je

[10] Insbesondere Gasthausbrauereien und einige sehr große Brauereien erhöhen die Varianz erheblich.

nach Besteuerungsgrundlage im jeweiligen Mitgliedsstaat zwischen 0,748 Euro je hl und Grad Plato[11] und 1,87 Euro je hl und Grad Alkohol.[12]

Ebensowenig zeichnet sich eine generelle Tendenz des Bierkonsums in Europa ab. Während der Bierkonsum im Westen in vielen Ländern auf hohem Niveau stagniert oder gar rückläufig ist, weisen die Länder Mittel- und Osteuropas zahlreiche Wachstumsmärkte auf. Insbesondere Polen, Rußland, Ungarn, Rumänien und die baltischen Länder gelten als dauerhafte Wachstumsmärkte. Innerhalb der EU ist ein steigender Bierkonsum nur in Griechenland, Italien, Frankreich, Portugal und Irland zu verzeichnen.[13]

Auch der Pro-Kopf-Verbrauch an Bier ist in den Ländern Europas höchst unterschiedlich, wie im nachfolgenden Diagramm an Hand einiger ausgewählter europäischer Länder dargestellt wird.

---

[11] Die Plato-Grade sind ein Maß für die Stärke der Stammwürze vor der Vergärung. Die Plato-Grade geben den Zuckergehalt (Malz- und Rohzucker) in Gramm je 100 Gramm Lösung an.

[12] Vgl. Deutscher Brauer-Bund, Statistischer Bericht, 1998, S. 17; CBMC, Statistik, 1999, S. 20-24.

[13] Vgl. Valcavi, G., The World of Beer Nr. 28, 2000, S. 6-7; o.V., Getränkefachgroßhandel Nr. 10, 2000, S. 620.

Diagramm 2: Bierverbrauch 1999 je Einwohner in Liter.

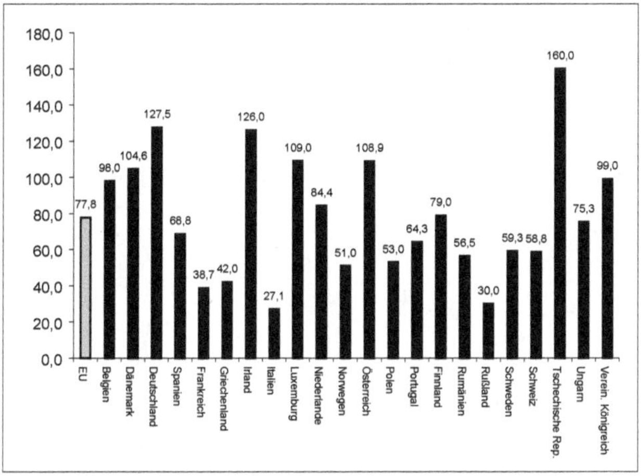

Anmerkung: Die Daten für Rumänien sind von 1992, die Zahlen für Ungarn stammen aus dem Jahre 1996 und die Werte für Belgien und die EU betreffen das Jahr 1998.

Eigene Darstellung nach Angaben aus: Delos, G., Biere aus aller Welt, 1994, S. 23; Deutscher Brauer-Bund, Statistischer Bericht, 1998, S. 176; CBMC, Statistik, 1999, S. 11; Deutscher Brauer-Bund, Brauwirtschaft in Zahlen, 2000, S. 17; Kunze, W., Brauerei Forum Nr. 11, 2000, S. 312; o.V., Brauwelt International Nr. 5, 2000, S. 339; o.V., Getränkefachgroßhandel Nr. 10, 2000, S. 620.

Ein weiteres Kennzeichen des europäischen Biermarktes, insbesondere des westeuropäischen, ist die starke Stellung großer nationaler Brauereien in ihrem Heimatland (eine Ausnahme dabei bildet allerdings Deutschland, auf dessen besondere Strukturen unter Punkt 2.2. eingegangen werden wird). Erkenntnisse über die starke Stellung und somit auch über die Struktur nationaler europäischer Biermärkte lassen sich aus der Betrachtung der Marktanteile der jeweiligen Marktführer in den einzelnen Mitgliedsstaaten der EU gewinnen.

Die folgende Graphik zeigt deutlich, daß in den meisten Ländern marktbeherrschende Stellungen der Marktführer bestehen, so daß zum größten Teil von nahezu monopolistischen bzw. oligopolen nationalen Biermärkten auszugehen ist.

Diagramm 3: Marktanteile der nationalen Marktführer in den jeweiligen Ländern.

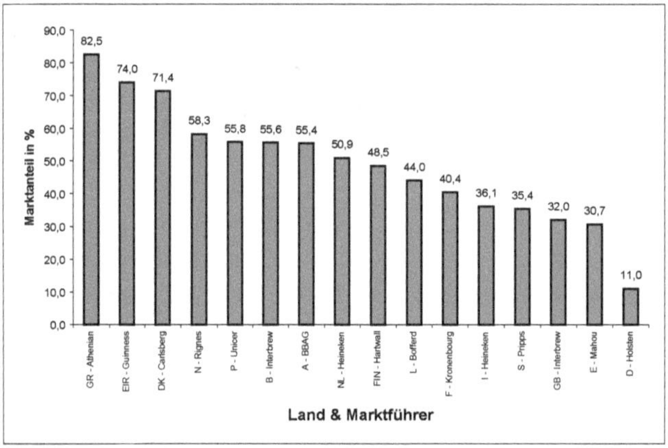

Eigene Darstellung nach: Nelson, L., Brewers' Guardian Nr. 10, 2000, S. 20.

2.2. Die Deutsche Brauwirtschaft

2.2.1. Marktstruktur

Innerhalb der europäischen Brauwirtschaft weist die Deutsche Brauwirtschaft mit 1277 Braustätten im Jahre 1999 die höchste Betriebsstättendichte auf (s. Tabelle 1). Schon aufgrund der hohen Anzahl an Brauereien ist es verständlich, daß es in Deutschland keinen nationalen Marktführer mit absoluter Marktmacht gibt (s. Diagramm 3).

Ein Grund hierfür liegt in der Struktur des Biermarktes, die regional und lokal in den verschiedenen Gegenden Deutschlands aufgrund der vielen Anbieter, deren Angebot sich nur auf die lokale und/oder regionale Ebene erstreckt, völlig unterschiedlich ist. National erhältlich sind nur sehr wenige „Premiumbiere", die aber folglich in den jeweiligen relevanten lokalen und regionalen Märkten immer auf andere Konkurrenten treffen.[14]
Somit besteht der deutsche Biermarkt aus einer Vielzahl nicht direkt abzugrenzender Teilmärkte. Von einem homogenen deutschen Biermarkt kann nicht gesprochen werden.
Deutlich wird diese atomistische und sehr heterogene Struktur der deutschen Brauwirtschaft durch den Vergleich der Anzahl der Braustätten und der Ausstoß und Absatz in den einzelnen Bundesländern.

[14]Vgl. Ebbertz, L., Konzentration im Braugewerbe, 1992, S. 117-121.

Tabelle 4: Anzahl der Braustätten, Bierausstoß und Bierabsatz im Jahre 1999.

Bundesländer	Anzahl der Brau-stätten	Bier-ausstoß in Thl	Bier-absatz in Thl	Durchschnittlicher Bierausstoß je Braustätte in Thl
Baden-Württemberg	166	7.987	8.039	48,11
Bayern	683	23.300	22.575	34,11
Berlin/Brandenburg	31	3.933	4.231	126,87
Hessen	61	6.235	4.708	102,21
Mecklenburg-Vorpommern	12	2.186	2.107	182,17
Niedersachsen/Bremen	44	12.143	9.897	275,98
Nordrhein-Westfalen	115	29.355	30.205	255,26
Rheinland Pfalz/Saarland	42	9.325	8.845	222,02
Sachsen	49	8.325	8.449	169,90
Sachsen-Anhalt	16	2.311	2.800	144,44
Schleswig-Holstein/Hamburg	15	4.683	5.514	312,20
Thüringen	43	3.048	2.716	70,88
Deutschland	1277	112.831	110.087	88,36

Eigene Darstellung nach: Deutscher Brauer-Bund, Brauwirtschaft in Zahlen, 2000, S. 2-3 u. S. 6-9 und eigene Berechnungen.

Obige Tabelle zeigt deutlich, daß bezüglich der Braustättenverteilung ein Nord-Süd-Gefälle besteht, wie es auch schon in der Karte von Schmucker aus dem Jahre 1973 zum Ausdruck kommt (s. Abb. 1).
Es fällt auf, daß sich über die Hälfte der deutschen Braustätten im Bundesland Bayern befinden. Anhand des durchschnittlichen Bierausstoßes je Braustätte wird darüber hinaus deutlich, daß in Süddeutschland überwiegend kleine lokale und mittlere regionale Brauereien das Bild der Brauwirtschaft prägen. Aus diesem Grunde wird im Folgenden immer auch (soweit möglich) auf die bayerische Brauwirtschaft mit ihren besonderen Strukturdaten hingewiesen.

In Deutschland sind vom handwerklichen Kleinbrauer und der Gasthofbrauerei bis hin zum industriellen Großbrauer und der

Konzernbrauerei alle betrieblichen Strukturgrößen vertreten. Die heutige Größenklassenstruktur[15] der deutschen Brauwirtschaft ist aber, wie aus Tabelle 5 ersichtlich, sehr ungleichgewichtig.

Tabelle 5: Braustätten nach Größenklassen.[16]

	Größenklassen nach der Gesamtjahreserzeugung (hl)							
	bis 5.000	bis 10.000	bis 50.000	bis 100.000	bis 200.000	bis 500.000	bis 1 Mill.	über 1. Mill.
Deutschland: Anzahl der Braustätten	724	104	231	79	52	36	21	30
Deutschland: Prozent der Braustätten	**56,7**	**8,1**	**18,1**	**6,2**	**4,1**	**2,8**	**1,6**	**2,3**
Bayern: Anzahl der Braustätten	376	84	152	42	26	8	3	5
Bayern: Prozent der Braustätten	**54,0**	**12,1**	**21,8**	**6,0**	**3,7**	**1,1**	**0,4**	**0,7**

Eigene Darstellung nach: Bayerischer Brauerbund, Geschäftsbericht, 1999, S. 31 u. S. 37; Statistisches Bundesamt, Statistik 1999 Fachserie 14, 2000, S. 7.

Der hohe Anteil an Brauereien mit bis zu 5000 hl Gesamtjahreserzeugung macht abermals die besondere Struktur der deutschen Brauwirtschaft deutlich, die insbesondere in Bayern und Baden-Württemberg durch eine hohe Anzahl an Kleinbetrieben geprägt ist. In den übrigen Bundesländern sind mit Ausnahme von Thüringen die Braustätten im Durchschnitt wesentlich größer, insbesondere in Schleswig-Holstein, Hamburg,

[15]Traditionell wird die Betriebsgröße in der Brauwirtschaft anhand der ausgestoßenen Menge Bier in hl gemessen (Vgl. Brunken, A., Wettbewerbsstrategien, 1990, S. 56).

[16]Die Zahlen für Bayern beziehen sich auf 1998, damals gab es noch 696 Braustätten in Bayern.

Niedersachsen, Bremen und in Nordrhein-Westfalen.[17] Abermals läßt sich hier ein Nord-Süd-Gefälle bezüglich der Betriebsgrößenstruktur feststellen, woraus ersichtlich wird, daß die Konzentration im Süden Deutschlands, insbesondere in Bayern am wenigsten fortgeschritten ist. Der geringe Konzentrationsgrad der bayerischen Brauwirtschaft, der Bayern innerhalb der deutschen Braulandschaft so einzigartig macht, hat verschiedene historische, zum Teil geographisch bedingte Gründe,[18] auf die aber hier im einzelnen nicht eingegangen werden soll, da eine Darstellung den Rahmen der Arbeit sprengen würde.

Vergleicht man den Anteil des Bierausstoßes nach Betriebsgrößenklassen am Gesamtbierausstoß aller deutschen Brauereien, so fällt auf, daß die Betriebe der Größenklasse bis 10 Thl trotz ihrer großen Anzahl nur 2,6%[19] des deutschen Bieres produzieren, während hingegen von den Brauereien mit einem Ausstoß von mehr als 500 Thl 67,9% des Gesamtausstoßes hergestellt werden. Die Produktion der Brauereien der Betriebsgrößenklasse über 10 Thl bis einschließlich 200 Thl Ausstoß erstreckt sich auf 16,9% und die Betriebe, deren Ausstoß zwischen 200 Thl bis einschließlich 500 Thl umfaßt, stellen 12,6% des insgesamt in Deutschland gebrauten Bieres her.[20] Das bedeutet, daß rund 50 Unternehmen bzw. knapp 4% aller Brauereien 2/3 des deutschen Bierausstoßes herstellen. Betrachtet man nur die Betriebe mit einem Jahresausstoß von über 1 Mio. hl, so ist festzustellen, daß diese rund die

---

[17]Vgl. Deutscher Brauer-Bund, Statistischer Bericht, 1998, S. 8.

[18]Vgl. Lohberg, R., Lexikon vom Bier, 1984, S. 18, S. 88 u. S. 96-110; Erling, F., 125 Jahre Brauwesen, 1986, S. 1337 u. S. 1345-1350; Kuhl, V., Bier - Marketing, 1990, S. 33; Ebbertz, L., Konzentration im Braugewerbe, 1992, S. 17-43; Klinger, F., Braugewerbe in Bayern, 1997, S. 69-70, S. 103 u. S. 172-175.

[19]Alle Angaben bezüglich des Anteils am Gesamtausstoß beziehen sich auf das Jahr 1996, da in diesem Jahr letztmalig eine nach Betriebsgrößen geschlüsselte Aufstellung der Ausstoßvolumina durch den Deutschen Brauer-Bund angefertigt wurde (s. Deutscher Brauer-Bund, Statistischer Bericht, 1998, S. 8).

[20]Vgl. Deutscher Brauer-Bund, Statistischer Bericht, 1998, S. 35.

Hälfte der gesamten deutschen Bierproduktion auf sich vereinen. In Bayern hingegen erreichen die Betriebe dieser Größenordnung nur einen Ausstoßanteil von rund 30%,[21] wodurch wieder die stärke Prägung der bayerischen Brauwirtschaft durch kleine und mittlere Brauereien deutlich wird.

[21]Vgl. Bayerischer Brauerbund, Geschäftsbericht, 1999, S. 38.

2.2.2. Die Brauindustrie als Wirtschaftsfaktor

Insbesondere den vielen kleinen bayerischen Brauereien ist die große deutsche Biervielfalt zu verdanken, die einzigartig in der Welt ist. So werden in Bayern über 40 verschiedene Biersorten, verteilt auf rund 4.000 der 5.000 deutschen Biermarken, hergestellt.[22]
Aber nicht nur bezüglich der Biervielfalt nimmt die deutsche Brauwirtschaft eine weltweite Spitzenposition ein. Auch der Pro-Kopf-Bierverbrauch in Höhe von 127,5 Liter je Einwohner im Jahre 1999 wurde nur vom Pro-Kopf-Verbrauch in der Tschechischen Republik übertroffen.[23]
In Bayern (alleine betrachtet) wird sogar von einem geschätzten Bierverbrauch von rund 170 Litern pro Kopf ausgegangen.[24] Mit dem hohen Pro-Kopf-Verbrauch und einem Gesamtbierkonsum von ca. 104,629 Mio. hl nimmt der deutsche Biermarkt im Jahre 1999 nach dem amerikanischen und dem chinesischen Markt weltweit den dritten Platz ein.[25]

Auch die folgenden Zahlen belegen die große Bedeutung der Brauwirtschaft für die deutsche Volkswirtschaft. So haben im Jahre 1999, nach Angaben des Statistischen Bundesamtes, allein die Braubetriebe der Größenklasse über 19 Mitarbeiter mit insgesamt 39.247 Beschäftigten einen Umsatz von 18,380 Mrd. DM erzielt, davon 1,167 Mrd. im Ausland. An die Arbeiter und Angestellten wurde von diesen Betrieben 2,659 Mrd. DM an Lohn und Gehalt gezahlt. Hinzu kommen noch rund 780 Mio. DM an gesetzlichen und sonstigen Sozialleistungen.[26] Für alle deutschen

---

[22] Vgl. Bayer. Staatsministerium u.a., Bayern Region aktuell Nr. 1, 1999, S. 4; o.V., Brauerei Journal Nr. 10, 2000, S. 395.

[23] Vgl. Kickuth, R., Beverage World International Nr. 5, 2000, S. 30.

[24] Vgl. Bayerischer Brauerbund, Geschäftsbericht, 1998, S. 44; Meier, R., Rede HV 18. Mai 2000, S. 3; Kann, D. u.a., Bier für Dummies, 1998, S. 159.

[25] Vgl. o.V., Brauwelt Nr. 11, 2000, S. 399; o.V., The World of Beer Nr. 28, 2000, S. 26.

Brauereien insgesamt wird der Umsatz auf über 20 Mrd. DM, die Anzahl der Beschäftigten auf 65.000 und die Personalaufwendungen einschließlich der sozialen Leistungen und Nebenkosten auf rund 4. Mrd. DM geschätzt.[27] Damit ist die Brauwirtschaft national gesehen die drittgrößte Branche in der Ernährungsindustrie.[28]
Für Bayern allein errechnete der Bayerische Brauerbund für 1998 einen Umsatz von 4,7 Mrd. DM, die Anzahl der Beschäftigten auf 15.500 und den Personalaufwand auf 973 Mio. DM.[29] Nach Angaben des bayerischen Staatsministers Miller erreichen die Brauereien in Bayern damit rund 12% des Gesamtumsatzes im produzierenden Ernährungsgewerbe und liegen innerhalb des Ernährungsgewerbes in Bayern sogar an zweiter Stelle.[30]

Am Bier hängen aber nicht allein die vielen Arbeitsplätze der direkt in Brauereien Beschäftigten. Jeder dieser Beschäftigten schafft und erhält ca. fünf weitere Stellen in anderen Branchen, so u.a. in der Landwirtschaft, im Groß- und Einzelhandel, in der Gastronomie, in der Papier-, Druck- und Glasindustrie sowie in der Energiewirtschaft. So verbrauchten die Betriebe mit 20 und mehr Beschäftigten im Jahre 1999 beispielsweise 1,176 Mrd. Kilowattstunden Strom, 2,956 Mrd. Kilowattstunden Gas, 66.891 t Heizöl und 23.263 t Kohle.
Wie sehr die Arbeitsplätze in der Gastronomie von dem Produkt Bier abhängen, zeigt der Umsatz von fast 15 Milliarden, den dieser Wirtschaftszweig 1999 allein mit dem Ausschank von Bier erzielte.[31]

---

[26]Vgl. Deutscher Brauer-Bund, Brauwirtschaft in Zahlen, 2000, S. 14-15; Statistisches Bundesamt, Statistik 1999 Fachserie 4, 2000, o.S.

[27]Vgl. Kann, D. u.a., Bier für Dummies, 1998, S. 247; Kickuth, R., Beverage World International Nr. 5, 2000, S. 30.

[28]Vgl. Foitzik, B., Abfüllanlagen, 2000, S. 7.

[29]Vgl. Bayerischer Brauerbund, Geschäftsbericht, 1999, S. 1.

[30]Vgl. Miller, J., Brau 2000, 2000, S. 4.

[31]Vgl. Deutscher Brauer-Bund, Brauwirtschaft in Zahlen, 2000, S. 14; Rudolf, K., Bier – Guide, 1998, S. 44.

Besonders wichtig aber ist die Brauwirtschaft für einen großen Teil der Landwirtschaft, die als Lieferant von Braugetreide und Hopfen umgekehrt für die Brauer unverzichtbar ist. So werden für einen Hektoliter Bier je nach Sorte um die 17 Kilogramm Malz benötigt. Insgesamt verbrauchen die deutschen Brauer pro Jahr knapp 2 Mio. Tonnen Gerstenmalz und fast 90.000 Tonnen Weizenmalz, vorwiegend aus inländischer Herstellung.[32] Davon benötigen die bayerischen Brauer ca. 317.000 Tonnen Gerstenmalz und rund 73.000 Tonnen Weizenmalz für ihre jährliche Produktion. Pro Hektoliter Bier wird darüber hinaus je nach Sorte zwischen 120-150 g Hopfen verwendet, was in Bayern einem Hopfenverbrauch von etwa 56.000 Zentnern entspricht. Im gesamten Bundesgebiet der Bundesrepublik Deutschland kann von einem Gesamtverbrauch von rund 369.000 Zentner ausgegangen werden.[33] Für das Braugetreide ergibt sich damit für die deutsche Landwirtschaft ein Gesamterlös von über 1 Mrd. DM. Die 2.324 Hopfenpflanzer erlösen aus Hopfen für deutsche Brauereien über 100 Mio. DM.

Hinzu kommen die jährlichen Investitionen der deutschen Brauwirtschaft in Höhe von ca. 1,7 Mrd. DM in neue Maschinen oder Fabriken, wovon wiederum die deutsche Bauwirtschaft und die deutschen Maschinenfabriken profitieren. Deutsche Glashütten fertigen jährlich rund 1,5 Mrd. neue Bierflaschen und Metallfabriken stellen jährlich in etwa 900 Mio. Bierdosen her. Da sowohl die Rohstoffe als auch die fertigen Produkte und das Bier transportiert werden müssen, sind die deutschen Brauer ein bedeutender Auftraggeber des deutschen Transport- und Speditionsgewerbes.[34]

[32]Vgl. Mergarten, W., Deutschland Deine Biere, 1997, S. 33.

[33]Vgl. Deutscher Brauer-Bund, Statistischer Bericht, 1998; S. 119; Bayerischer Brauerbund, Geschäftsbericht, 1999, S. 1; Ausstellung des Bayerischen Brauerbundes vom 14.10.-15.10.2000; Rechnerische Abweichungen ergeben sich z.B. aus der Herstellung unterschiedlicher Biersorten, aus Schwund, aus der Verwendung von unterschiedlichen Hopfenarten (z.B. Naturhopfen, Hopfenpellets, Hopfenpulver, Hopfenextrakt) und der Güte und Sorte des Hopfens.

Ferner gab die Deutsche Brauindustrie nach Angaben der A. C. Nielsen Werbeforschung S+P GmbH 1999 insgesamt 743 Mio. DM für Werbung aus, davon 488 Mio. DM allein für TV-Werbung.[35]
Darüber hinaus zahlten die deutschen Brauereien im gleichen Jahr 1,65 Mrd. DM Biersteuer. Größter Biersteuerzahler ist mit ca. 480 Mio. DM Nordrhein-Westfalen vor Bayern mit rund 334 Mio. DM. Dies liegt an der Vielzahl der kleinen Brauereien in Bayern. Für unabhängige Betriebe mit weniger als 200.000 Hektoliter Jahresausstoß gibt es auf der Grundlage einer Mengenstaffel Steuerermäßigungen bis zu 50%.[36]

Wichtig ist es auch, den Außenhandel mit Bier zu erwähnen, stellt er doch einen nicht zu vernachlässigenden Wirtschaftsfaktor dar. Im Jahre 1999 konnte Deutschland 9,5 Mio. hl Bier, nicht eingerechnet Malztrunk und alkoholfreie Biere, exportieren. Das entsprach 8,4% des Gesamtbierausstoßes. Davon gingen 6,8 Mio. hl. in EU-Länder und 2,6 Mio. hl. in Drittländer. Die wichtigsten Abnehmer innerhalb der EU stellten Italien, Großbritannien und Frankreich dar, der Export außerhalb der EU erfolgte insbesondere in die USA.
Im Gegenzug wurden insgesamt rund 3,1 Mio. hl Bier in die BRD eingeführt. Größter Importeur war Dänemark mit über 1 Mio. hl, gefolgt von den Niederlanden mit 0,54 Mio. hl, der Tschechischen Republik mit 0,49 Mio. hl. und Belgien und Luxemburg mit zusammen 0,45 Mio. hl.[37]

---

[34]Vgl. Deutscher Brauer-Bund, Statistischer Bericht, 1998; S. 109; Kann, D. u.a., Bier für Dummies, 1998, S. 247-248; Joh. Barth & Sohn, Barth Bericht 1999/2000, 2000, S. 12.

[35]Zit. Heyse, K.-U., Brauwelt Nr. 8, 2000, o.S.

[36]Vgl. Deutscher Brauer-Bund, Statistischer Bericht, 1998, S. 15-16 u. S. 109; Bayerischer Brauerbund, Geschäftsbericht, 1999, S. 1; Deutscher Brauer-Bund, Brauwirtschaft in Zahlen, 2000, S. 16.

[37]Vgl. Deutscher Brauer-Bund, Brauwirtschaft in Zahlen, 2000, S. 10-11; o.V., Brauwelt Nr. 6/7, 2000, S. 212; Statistisches Bundesamt, Pressemitteilung vom 2. Februar 2000.

3. Entwicklungsprobleme in der deutschen Brauwirtschaft

3.1. Entwicklung und Konzentration der Brauwirtschaft

3.1.1. Bierausstoß und Bierverbrauch

Obwohl Deutschland seit Jahren sowohl in der Bierproduktion als auch im Bierkonsum weltweit eine „Spitzenstellung“ einnimmt, wie Leventhal schreibt,[38] darf dies nicht darüber hinwegtäuschen, daß der Bierausstoß (s. Tabelle 6) und der Bier-Pro-Kopf-Verbrauch (s. Diagramm 4) seit Mitte der siebziger Jahre stagnieren und seit 1986 rückläufig sind (s. auch Tabelle 7).

Diagramm 4: Entwicklung des Pro-Kopf-Verbrauchs in Deutschland seit 1965.

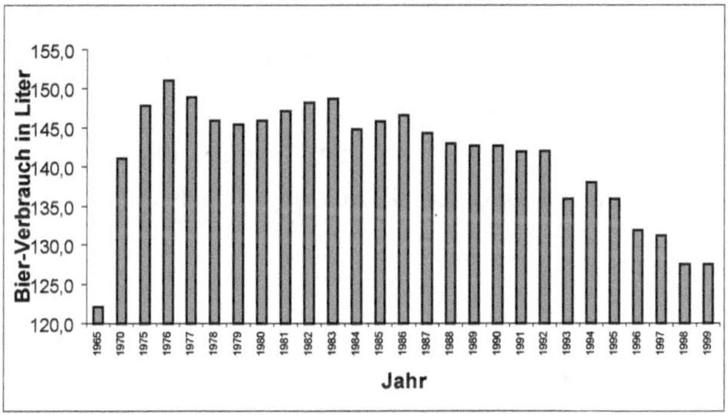

Anmerkung: Bis 1990 beziehen sich die Zahlen auf das frühere Bundesgebiet; ab 1993 neue Berechnungsmethode.
Eigene Darstellung nach: Deutscher Brauer-Bund, Statistischer Bericht, 1998; S. 70-71; Deutscher Brauer-Bund, Brauwirtschaft in Zahlen, 2000, S. 5.

[35]Vgl. Leventhal, J., Bier, 1999, S. 2.

Bei Betrachtung der Ausstoß- und der Verbrauchsentwicklung seit dem Zweiten Weltkrieg lassen sich vier Phasen feststellen:

- Von 1950 bis Mitte der sechziger Jahre befand sich die deutsche Brauwirtschaft in einer steilen Expansionsphase des Wiederaufbaus und Wachstums. Der Bierausstoß wuchs mit jährlichen Steigerungsraten von 11%.

- Im folgenden Jahrzehnt verlangsamte sich die Ausstoßexpansion. Der deutsche Biermarkt trat in seine Ausreifungsphase. Der Ausstoß stieg bis 1973 nur noch um 2,8% jährlich. Aus dem Verkäufermarkt entwickelte sich unter dem Einfluß zunehmender Sättigungstendenzen ein Käufermarkt.

- Mit einem durchschnittlichen Bierverbrauch je Einwohner von 151,0 Litern und mit einem Bierausstoß von rund 95,70 Mio. hl erreichte die deutsche Brauwirtschaft 1976 ihren vorläufigen Höhepunkt. Sie vollzog so den Übergang in die Stagnationsphase. Diese hielt bis etwa 1986 an. Die Stagnationsphase war gekennzeichnet von einem schwankenden, insgesamt sogar leicht rückläufigen Bierverbrauch und dem sich auf einem Ausstoßniveau von zwischen 92 bis 95 Mio. hl stagnierenden deutschen Biermarkt. Die geringen Schwankungen in der jährlichen Bierproduktion lassen sich größtenteils auf witterungsbedingte Einflüsse zurückführen.[39]

Die ersten drei Phasen finden sich übereinstimmend in der Literatur wieder.[40] Eine vierte Phase muß nach heutiger Sicht bei genauer Betrachtung der Entwicklung zwingend konstatiert werden:

---

[39] Vgl. Kuhl, V., Bier - Marketing, 1990, S. 34.

[40] Vgl. Kuhl, V., Bier - Marketing, 1990, S. 33-34; Pschorr, J., Marketing, 1992, S. 37-38; Marx, T., Marketingstrategien, 1998, S. 15-16.

- Als vierte Entwicklungsphase seit 1986 kann eine Reduktionsphase in der deutschen Brauwirtschaft beobachtet werden. Der Bierverbrauch pro Einwohner sank in dieser Zeit von 146,6 Liter (Stand 1986) auf 127,5 Liter im Jahre 1999. Der deutliche Rückgang des Pro-Kopf-Verbrauchs ist nicht, wie vielleicht angenommen werden könnte, auf einen niedrigeren Verbrauch der Bevölkerung in den neuen Bundesländern zurückzuführen. Der Bier pro Kopf Verbrauch in der DDR entsprach in etwa dem Konsum in der BRD vor der Wiedervereinigung.[41] Die deutlichen Ausstoßzuwächse die sich von 1989 bis 1991 einstellten, waren eine Folge der Wiedervereinigung und in erster Linie auf Lieferungen westdeutscher Brauereien in das Beitrittsgebiet zurückzuführen.[42] Diese Entwicklung hielt aber nur bis 1992 an und infolge der Eingliederung der Neuen Bundesländer ging der Bierausstoß wieder deutlich zurück.

Zur weiteren Erläuterung der Einführung einer vierten Phase sei noch angemerkt:
Die leichten Zugewinne in den Jahren 1997 und 1999 (s. Tabelle 6) sind auf zum Teil witterungsbedingte Einflüsse und auf eine merklichen Steigerung der Bierausfuhr, die den rückläufigen Inlandsabsatz mehr als kompensierte, zurückzuführen.[43] Fritzer stellt fest, daß allein in der Zeit von 1992 bis heute ein Ausstoßrückgang in der deutschen Brauwirtschaft zu verzeichnen war, der in der Höhe fast dem Gesamtausstoß Österreichs entspricht. Darüber hinaus hat Fritzer durch Fortschreibung der Degressionsraten der letzten Jahre ein Szenario für den Bierverbrauch im Jahre 2010 entwickelt. Dabei kommt er mit seinen Berechnungen auf einen

---

[41] Vgl. Ebbertz, L., Konzentration im Braugewerbe, 1992, S. 684; Delos, G., Biere aus aller Welt, 1994, S. 100.

[42] Vgl. Deutscher Brauer-Bund, Statistischer Bericht, 1998, S. 8.

[43] Vgl. Deutscher Brauer-Bund, Statistischer Bericht, 1998, S. 9; o.V., Getränkefachgroßhandel Nr. 10, 2000, S. 620.

Pro-Kopf-Verbrauch von 105 bzw. 95 Liter.[44] Ebenso rechnet die Beratungsgesellschaft Arthur Andersen in einer aktuellen Studie mit einem Rückgang des Bierkonsums bis zum Jahre 2010 um mindestens 20 Prozent.[45] Auch die Hoffnung auf eine Trendwende für 2000, die einige noch nach August 2000 auszumachen glaubten,[46] wurde schon im September 2000 durch schlechtes Wetter wieder zunichte gemacht. Hieran konnten auch die bis einschließlich September 2000 guten Exportzahlen[47] nichts ändern.[48] Eine Trendwende ist auch nach den heutigen Kenntnissen noch nicht in Sicht. Experten gehen sogar von einem weiteren Rückgang der Ausstoßmenge auf 100 Mio. hl aus.[49]

[44]Vgl. Fritzer, H., Hopfenrundschau International, 1999, S. 55-57.
Die Angabe von 105 bis 95 Liter Pro-Kopf-Verbrauch beruhen auf zwei Szenerien. Das eine Szenario setzt den langfristigen Vergangenheitstrend fort (1976-1998) und kommt auf 105 Liter; das andere entwickelt gemäß des mittelfristigen Vergangenheitstrends (1992-1998) und kommt auf 95 Liter.

[45]Vgl. Lindner, R., FAZ Nr. 193, 21.08.1999, S. 24.

[46]Vgl. o.V., Brauindustrie Nr. 10, 2000, S. 532; o.V., Die Privat Brauerei Nr. 10, 2000, S. 355.

[47]Ein Plus von 17,3% für Exporte in die EU und ein Plus von 12% für Exporte in weitere Länder.

[48]Vgl. Lang, D., Getränke Zeitung Nr. 23, 2000, S. 10; o.V., Brauerei Forum Nr. 11, 2000, S. 326; o.V., Der Biergroßhandel Nr. 11, 2000, S. 2.

[49]Vgl. Würzburger Hofbräu, Geschäftsbericht 1997/98, 1999, S.6; Meier, R., Rede HV 18. Mai 2000, S. 3.

3.1.2. Braustätten- und durchschnittliche Betriebsgrößen-struktur

Analogien zu dem tendenziell rückläufigen Bierverbrauch und Bierausstoß werden deutlich, wenn der kontinuierliche Rückgang an betriebenen Braustätten betrachtet wird.

Tabelle 8: Anzahl der Brauereien in Deutschland und Bayern seit 1950.

Jahr	Anzahl der Brauereien in Deutschland *)	Anzahl der Brauereien in Bayern **)
1950	2645	1934
1960	2218	1566
1970	1815	1247
1980	1364	931
1990	1178	756
1993	1311	768
1994	1299	753
1995	1282	726
1996	1276	714
1997	1273	699
1998	1285	696
1999	1277	683

*) Bis 1990 früheres Bundesgebiet, ab 1991 inklusive 137 Brauereien aus den Neuen Bundesländern.
**) Ab 1992 inklusive 30-35 nicht gewerblicher Brauereien (Kommunbrauhäuser, Forschungsbrauereien).

Eigene Darstellung nach: Ebbertz, L., Konzentration im Braugewerbe, 1992, S. 124; Klinger, F., Braugewerbe in Bayern, 1997, S. 173; Deutscher Brauer-Bund, Statistischer Bericht, 1998, S. 32-33; Bayerischer Brauerbund, Geschäftsbericht, 1999, S. 31 u. S. 80; Deutscher Brauer-Bund, Brauwirtschaft in Zahlen, 2000, S. 2-3.

Während sich die Anzahl der Brauereien in Deutschland 1950 noch auf 2645 Unternehmen belief, wurde 1999 noch lediglich in 1277 Braustätten Bier hergestellt. In Bayern hat sich die Zahl der Brauereien auf fast ein Drittel reduziert, womit Bayern an der Spitze liegt und die höchste Zahl an geschlossenen Braustätten aufweist. Es ist sicherlich nicht zu hoch gegriffen, wenn die Literatur von jährlich durchschnittlich 30 Betriebsschließungen ausgeht,[50] insbesondere wenn berücksichtigt wird, daß es seit Mitte der achtziger Jahre eine Gründungswelle von Gasthausbrauereien gibt, deren Anzahl mit ca. 250 Braustätten beziffert wird. Davon sind allein in Bayern in den vergangenen Jahren 30 neue Unternehmen entstanden.[51]

Einhergehend mit der Braustättenreduktion, ist eine kontinuierliche Zunahme der durchschnittlichen Betriebsgröße zu verzeichnen. Wurden im Jahr 1956 noch jährlich 17.300 hl Bier von einer Braustätte durchschnittlicher Größe produziert,[52] so verfünffachte sich diese Menge bis zum Jahre 1999 auf durchschnittlich 88.332 hl.[53]
Angesichts dieser Fakten ist es nicht verwunderlich, daß Experten übereinstimmend von einem Konzentrationsprozeß innerhalb des deutschen Braugewerbes sprechen,[54] wenn dieser auch noch nicht in dem Maße

---

[50]Vgl. Ebbertz, L., Konzentration im Braugewerbe, 1992, S. 139-140; Pschorr, J., Marketing, 1992, S. I; Lück, W. u. Siebert, H., Gasthausbrauereien, 1993, S. 87; Klinger, F., Braugewerbe in Bayern, 1997, S. 175.

[51]Vgl. Deutscher Brauer-Bund, Statistischer Bericht, 1998, S. 7; Bayerischer Brauerbund, Geschäftsbericht, 1999, S. 32.

[52]Vgl. Brunken, A., Wettbewerbsstrategien, 1990, S. 56.

[53]Vgl. Deutscher Brauer-Bund, Brauwirtschaft in Zahlen, 2000, S. 17.

[54]Vgl. z.B. Fischer, J., Brauereiverkäufe, 1989, S. 29-33; Brunken, A., Wettbewerbsstrategien, 1990, S. 63-66; Nagel, B. u. Brüggelambert, G., Markt und Konzentration, 1991, S. 69-88; Ebbertz, L., Konzentration im Braugewerbe, 1992; Pschorr, J., Marketing, 1992, S. 40; Wiese, F., Strukturwandel, 1993, S. 42-50 u. S. 220-223; Krause, U., Bierbrauen, 1995, S. 24-25; Stauder, T., Qualitätsmanagement, 1995, S. 18-19; Krones, Geschäftsbericht 1997, 1998, S. 21; Marx, T., Marketingstrategien, 1998, S. 34-37; Lindner, R., FAZ Nr. 193, 21.8.1999, S. 24.

vorangeschritten ist wie die Konzentrationsentwicklung im Nachbarland Frankreich.[55] Eine derartige Entwicklung wird jedoch auch von Experten nicht prognostiziert.

Als durch die Konzentrationsentwicklung besonders gefährdet, werden die mittelgroßen Brauereien[56] angesehen.[57] Diese Einschätzung kann aus heutiger, aktueller Sicht nur bestätigt werden.
Wie Diagramm 5 auf der folgenden Seite zeigt, waren es in den letzten zehn Jahren insbesondere die mittelständischen Unternehmen, die aus dem Markt ausschieden (s. auch Tabelle 9).

---

[55]Frankreich hatte 1905 noch 3543 Brauereien. Heute sind einschließlich der Gasthausbrauereien noch 20 Unternehmen übrig geblieben. Der durchschnittliche Ausstoß einer Brauerei betrug 1999 993.300 hl.
Vgl. Delos, G. Biere aus aller Welt, 1994, S. 15; Deutscher Brauer-Bund, Brauwirtschaft in Zahlen, 2000, S. 17.

[56]Kuhl definiert eine mittelgroße Brauerei als Brauerei mit einem Bierausstoß von 20.000 bis 500.000 hl und einen Aktionsradius bis 80 km, wobei mindestens 70% des Ausstoßes innerhalb dieses Radius abgesetzt werden müssen. Eine lokale Kleinbrauerei hat hingegen nur einen Radius von 20-30 km und einen Bierausstoß bis 20.000 hl. Eine überregionale Großbrauerei ist laut Kuhl durch einen Bierausstoß von über 500.000 hl und einen Aktionsradius von mehr als 80 km gekennzeichnet. Der Ausbreitungsgrad einer überregionalen Großbrauerei ist in der Regel, zumindest tendenziell, national.
Vgl. Kuhl, V., Bier - Marketing, 1990, S. 17; Kuhl, V., Marktstruktur, 1994, S. 93.

[57]Vgl. Fischer, J., Brauereiverkäufe, 1989, S. 31-32; Brunken, A., Wettbewerbsstrategien, 1990, S. 65; Wiese, F., Strukturwandel, 1993, S. 44 u. S. 226; Marx, T., Marketingstrategien, 1998, S. 37.

Diagramm 5: Anteil der Brauereien nach Betriebsgrößenklassen an der Gesamtzahl der Braustätten.

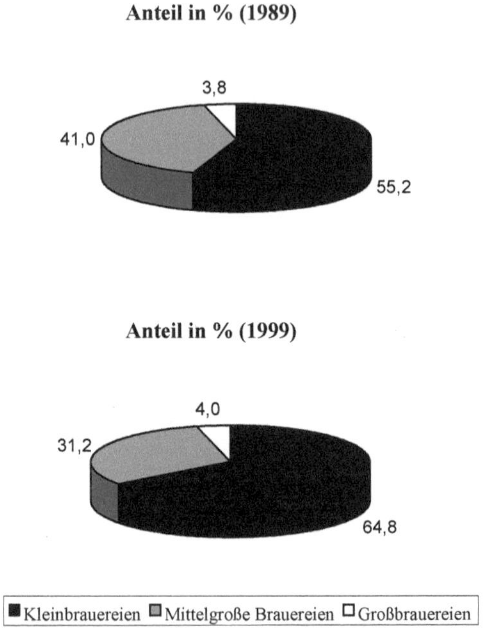

Eigene Darstellung nach eigenen Berechnungen aus Tabelle 9.

Einige Autoren schätzen das Ausmaß der Konzentration wesentlich höher ein, als es sich anhand des Datenmaterials ersehen läßt. Um das Ausmaß der tatsächlichen Konzentration richtig zu erfassen, müßte nach Brunken auch die kapitalmäßige Verflechtung zwischen den rechtlich selbständigen Unternehmen erfaßt werden.[58] Nagel und Brüggelambert weisen in diesem Zusammenhang darauf hin, daß insbesondere viele Gasthausbrauereien zu größeren Brauereien gehören oder zumindest mit ihnen verbunden sind.[59]

[58]Vgl. Brunken, A., Wettbewerbsstrategien, 1990, S. 65.

[59]Vgl. Nagel, B. u. Brüggelambert, G., Markt und Konzentration, 1991, S. 70.

3.1.3. Betriebsgröße und Ausstoßvolumen

Der Konzentrationsprozeß wird auch aus dem Vergleich der Ausstoßzahlen der Großbrauereien mit dem Gesamtausstoß aller Brauereien in Deutschland deutlich. So konnten die Großbrauereien mit mehr als 500.000 hl Ausstoß ihren Anteil am Gesamtbierausstoß von 20,7% im Jahre 1962 auf 67,9% im Jahre 1996 kontinuierlich steigern. Seit 1997 gibt es diese statistische Aufteilung der Brauereien in Größenklassen leider nicht mehr, so daß nunmehr nur noch auf Sekundärerhebungen zurückgegriffen werden kann.[60] Die Betrachtung der Entwicklung der 16 größten Brauereigruppen und Privatbrauereien von 1998 bis 1999 zeigt, daß nur drei von ihnen einen Ausstoßverlust gegenüber dem Vorjahr hinnehmen mußten. Die anderen hatten größtenteils sogar erhebliche Ausstoßzuwächse zu verzeichnen, die den Verlust der verlierenden Drei nicht nur kompensierten, sondern deutlich übertrafen.[61] Auch aus der längerfristigen Betrachtung der 16 größten Brauereigruppen und Privatbrauereien über einen Zeitraum von 10 bzw. 20 Jahre ergibt sich ein ähnliches Bild und „unter dem Strich" ein deutlicher Ausstoßzuwachs. Dieser beträgt bezogen auf den 20-Jahresvergleich insgesamt rund 30 Mio. hl und bezüglich des 10-Jahresvergleichs rund 25 Mio. hl Bier. Kelch, der diesen Vergleich vorgenommen hat, kommt zu dem Ergebnis, daß die Privatbrauereien ihre Marktanteile durch internes Wachstum wesentlich erhöhen konnten, während die Brauereigruppen eine Steigerung nur durch Übernahme anderer Betriebe erzielen konnten.[62] Diese Daten legen den Schluß nahe, daß die Großbrauereien ihren Marktanteil am Gesamtbierausstoß seit 1996 weiter vergrößern konnten, was wiederum als weiteres Indiz auf eine zunehmende Konzentration in der deutschen Brauwirtschaft hinweist.

---

[60] Vgl. Deutscher Brauer-Bund, Statistischer Bericht, 1998, S. 8 u. S. 35.

[61] Vgl. Kelch, K., Brauwelt Nr. 11, 2000. S. 410.

[62] Vgl. Kelch, K., Brauwelt Nr. 47, 1999, S. 2249-2250.

3.2. Ursachen für die Konzentration in der Brauwirtschaft

3.2.1. Vorbemerkung

In den folgenden Kapiteln sollen die aktuell wichtigsten Auslöser der Konzentration in der deutschen Brauwirtschaft, aber auch die möglicherweise in Zukunft die Konzentrationsentwicklung weiter begünstigenden Ursachen knapp aufgezeigt werden. Dies ist notwendig, denn allein die Kenntnis der Problemwurzeln stellt die Grundvoraussetzung dar, den Problemen adäquat begegnen zu können. Hierbei würde aber eine alle denkbaren Aspekte berücksichtigende Ausarbeitung den Rahmen der Arbeit sprengen. Deshalb werden primär die gewichtigsten Probleme der mittelständischen Betriebe skizziert, dabei aber die Probleme der ganzen Branche und auch spezielle Probleme der Großbrauereien nicht gänzlich außer acht gelassen.
Auch beschränkt sich die Arbeit ausschließlich auf das Produkt Bier. Damit wird bewußt vernachlässigt, daß die Existenz zahlreicher Brauereien keineswegs alleine vom Bier abhängt. Viele von ihnen produzieren zusätzlich alkoholfreie Getränke. Eine Marktchancen- und Marktrisikenbetrachtung solcher über zwei „Standbeine" verfügender Betriebe wäre zwar sicherlich interessant, würde aber ebenfalls den Rahmen dieser Arbeit sprengen. Darüber hinaus sichert gerade bei kleineren Brauereien häufig nur eine angeschlossene Gastronomie das Überleben.
Diese Einschränkungen sind zu berücksichtigen, wenn Schlüsse auf die Unabwendbarkeit des Konzentrationsprozesses im Braugewerbe gezogen werden sollen. Da das Marktgeschehen weitgehend von individuellen Entscheidungen abhängt, es sich außerdem um einen atomistischen, teilweise sehr schnellebigen, durch starke Individualität der Betriebe, der Erzeugnisse und der Nachfrager geprägten Markt handelt, können die angeführten Gründe keinen Allgemeingültigkeits- und keinen

Vollständigkeitsanspruch erheben. Sie sollen vielmehr die Vielzahl der heutigen Ursachen für die Konzentrationsentwicklung und die Probleme, mit denen sich die Brauwirtschaft im ausgehenden zwanzigsten Jahrhundert auseinandersetzten muß, skizzieren, ohne daß der Umfang der Behandlung oder die Reihung der Probleme eine Wertung darstellen soll. Oftmals reicht ein Grund aus, einen Betrieb zur Aufgabe zu bewegen, in anderen Fällen wirken verschiedene Faktoren zusammen.
Es bleibt festzuhalten, „DIE“ Konzentrationsursache im Braugewerbe gibt es nicht!

3.2.2. Konsum und Endverbraucherverhalten

3.2.2.1. Demographische Faktoren

Der Konsum des Endverbrauchers wird durch viele Faktoren beeinflußt. Da sind zum einen Trends und gesellschaftlicher Wandel zum anderen demographische Entwicklungen.
Als demographische Entwicklung, die sich auch auf das Konsumverhalten erheblich niederschlägt, ist die zunehmende Veränderung in der Altersstruktur der deutschen Bevölkerung zu nennen.

Abbildung 2: Altersaufbau der Bevölkerung Deutschlands am 31.12.1997.

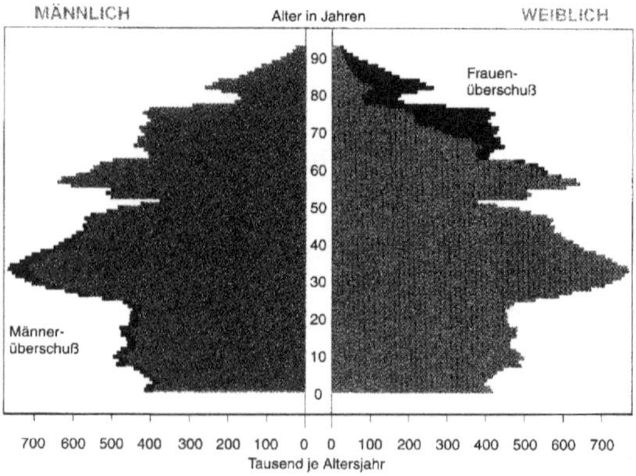

Quelle: Statistisches Bundesamt: Datenreport, 2000, S. 33.

Die Alterspyramide zeigt deutlich die wachsende Zahl an älteren Menschen und die Abnahme der Zahl an jüngeren Bundesbürgern. Das Durchschnittsalter der deutschen Bevölkerung verschiebt sich deutlich nach oben.

Der Grund für diese Abnahme der jungen Generation liegt im sogenannten „Pillenknick“ der siebziger Jahre. Deutlich wird die Verschiebung auch durch Betrachtung von Jugendquotient und Altenquotient.[63] So fällt der Jugendquotient (Stand 1998: 21,5) beständig, während der Altenquotient kontinuierlich steigt (Stand 1998: 38,6).[64]
Diese Entwicklung kam (bei durch Zuwanderung bisher leicht ansteigender Gesamtbevölkerung[65]) den deutschen Brauern entgegen, verschob sich doch die Altersstruktur in Richtung der konsumintensiveren Bevölkerungsgruppe im Alter von zwischen 30 und 59 Jahren. Hieraus wurden zusätzliche positive Impulse für die Biernachfrage erwartet.[66] Von anderen, wie z.B. der Unternehmensberatung Roland Berger, wird hingegen die Bevölkerungsgruppe der 20- bis 40-jährigen als die Gruppe der „klassischen Biertrinker“ angesehen.[67] Demnach wäre der rückläufige Pro-Kopf-Verbrauch bis zu einem gewissen Grade, auf den schrumpfenden Anteil dieser Bevölkerungsgruppe zurückzuführen. Diese Entwicklung hat zusammen mit dem niedrigen Geburtenniveau dramatische Folgen für die Bevölkerungsentwicklung. So wurden seit 1972 jedes Jahr weniger Kinder geboren als Menschen starben. Im Jahre 1997 wurden z.B. 48.000 mehr Sterbefälle als Geburten gezählt.[68] Nach Berechnungen des Statistischen Bundesamtes wird in Kürze die Zahl der Todesfälle die der Geburten und der Zuwanderung, selbst bei Nettozuwanderung von 100.000 bis 200.000 Personen pro Jahr, übertreffen. Das Statistische Bundesamt prognostiziert daher für Deutschland bis 2040 eine Bevölkerungsabnahme von ca. 13 Prozent auf rund 69 Mio. Einwohner.[69] Daß diese Entwicklung nicht nur

[63]Jugendquotient: Altersgruppe der bis 19-jährigen im Verhältnis zur Altersgruppe der 20- bis 59-jährigen; Altenquotient: Altersgruppen der 60-jährigen und Älteren bezogen auf die Altersgruppe der 20- bis 59-jährigen.
[64]Vgl. Statistisches Bundesamt, Datenreport, 2000, S. 34.
[65]Vgl. Statistisches Bundesamt, Datenreport, 2000, S. 27.
[66]Vgl. Marx, T., Marketingstrategien, 1998, S. 18.
[67]Vgl. Jaspert, W., SZ Nr. 20 BY, 26.1.1999, S. 20.
[68]Vgl. Statistisches Bundesamt, Datenreport, 2000, S. 35.
[69]Vgl. Harenberg, B. (Hrsg.), Aktuell 2000, 16. Jg., 1999, S. 65.

Auswirkungen auf den Pro-Kopf-Verbrauch, sondern auch auf das Konsumentenpotential und damit auf den Gesamtbierverbrauch hat, liegt auf der Hand. Somit kann von einem quantitativen Wachstum in der deutschen Brauwirtschaft auch in Zukunft nicht mehr ausgegangen werden.

Weiterhin müssen sich die deutschen Brauer auf eine andere Konsumentenschicht, namentlich die ältere Generation der über 60-jährigen, mit einem anderen Konsumverhalten, mit anderen Gebinde- und mit anderen Geschmackspräferenzen einstellen.

Als weiterer Trend des ausgehenden 20. Jahrhunderts ist zu beobachten, daß die Siedlungsentwicklung fast aller Staaten der Erde durch Landflucht der Bevölkerung und Agglomerationsprozesse geprägt ist. Diese Verstädterung führt zur Zerschlagung traditionell gewachsener Dorfstrukturen.[70] In Deutschland ist diese Entwicklung regional unterschiedlich anzutreffen. Insbesondere Bayern ist hiervon betroffen, aber auch seit Ende der achtziger Jahre Nordrhein-Westfalen mit seinen Ballungszentren. Räumlich konzentrierte sich die innerbayerische Wanderungsbewegung insbesondere auf die drei großen Ballungsräume München, Nürnberg und Augsburg. Durch gezielte Stukturförderung versucht der Bayerische Staat diese Entwicklung soweit als möglich einzudämmen.[71] Deutlich wird das Ausmaß der Landflucht in Deutschland bei Betrachtung des Bevölkerungsanteils der Einwohner in kleineren Kreisstädten und Landgemeinden, der nur noch 18 Prozent beträgt.[72] Auch diese Entwicklung hat negative Auswirkungen auf die vielen kleinen Dorfbrauereien, die besonders in Bayern noch häufig anzutreffen sind, bricht doch der direkte heimische Kundenstamm durch solche Wanderungsbewegungen weg und kann somit existenzbedrohend werden.

---

[70]Vgl. Harenberg, B. (Hrsg.), Aktuell 2000, 16. Jg., 1999, S. 60.

[71]Vgl. Andersen, U. u. Woyke W., Nordrhein-Westfalen, 1997, S. 303; Oberreuther, H., Bayern, 1997, S. 256-257.

[72]Vgl. Schäfers, B., Politischer Atlas, 1997, S. 94.

Weiterhin ist auch die zunehmende innerdeutsche Binnenwanderung, die seit 1991 kontinuierlich ansteigt, als Problem für die Brauereien anzusehen. So hat die Umzugsrate innerhalb Deutschlands stetig zugenommen. 1997 zog fast jeder zwanzigste Einwohner von einer Gemeinde in eine andere um.[73] Zunehmend wird diese Mobilität durch Arbeitsplatzwechsel ausgelöst. Folgerichtig sind mit einem Anteil von weit über 80 Prozent vor allem jüngere Menschen bis 45 Jahre mobil.[74] Diese Entwicklung hat eine abnehmende Kundenbindung an lokale und regionale Biermarken zur Folge bzw. läßt von vornherein keine Kundenbindung entstehen. Dies ist insofern von Bedeutung, als es sich um die Bindung der besonders konsumfreudigen Bevölkerungsgruppe handelt, die in erster Linie für lokale mittelständische Brauereien von Wichtigkeit ist.

3.2.2.2. Gesellschaftspolitische Faktoren

Als gesellschaftspolitisches Problem wirken sich die relativ hohe Arbeitslosigkeit von rund 10 Prozent und die stagnierenden Einkommen negativ auf die Nachfrage aus.[75] Insbesondere der Gastronomieabsatz leidet nach Angaben des Bayerischen Brauerbundes besonders in Regionen mit hoher Arbeitslosigkeit unter diesem Problem.[76] Ebenso weist Ebbertz auf einen Zusammenhang zwischen der Biernachfrage und der konjunkturellen Entwicklung hin. Dabei ist zu berücksichtigen, daß in Deutschland aufgrund des erreichten relativ hohen Wohlstandsniveaus durch Einkommensänderungen kaum der absolute Getränkeverbrauch, sondern vielmehr dessen Struktur und die Gesamtausgaben für Getränke beeinflußt

[73]Vgl. Statistisches Bundesamt, Datenreport, 2000, S. 49-50.

[74]Vgl. Schäfers, B., Politischer Atlas, 1997, S. 23.

[75]Vgl. IKB, Branchenbericht Brauereien, 1998, S. 2; Schnorbus, A., FAZ Nr. 98, 28.4.1998, S. 27; o.V., Lebensmittel-Report Nr. 4, 2000, S. 66.

[76]Vgl. Bayerischer Brauerbund, Geschäftsbericht, 1999, S. 39.

wird. Somit sind insbesondere der Absatz von hochpreisigen Premiumbieren und von Faßbier einerseits positiv andererseits aber auch negativ von der konjunkturellen Entwicklung betroffen.[77]

Bei der Betrachtung der Veränderung des Konsumverhaltens spielen aber auch geänderte Anforderungen der Arbeitswelt, weg von der körperlichen hin zur geistigen Leistung, eine nicht zu unterschätzende Rolle. „Alkohol scheint vielen mit der Anforderung am Arbeitsplatz immer weniger vereinbar" beklagt der Bayerische Brauerbund. Hinzu kommt, daß „in Kantinen und Automaten Brauereien oft nur noch mit ihrem Sortiment an alkoholfreien Getränken vertreten" sind. Der Konsum von Bier ist somit während der Arbeitszeit weitgehend tabu.[78]

Schließlich sorgt auch die erhöhte Mobilität der Bevölkerung im allgemeinen und der Jugendlichen im besonderen zu einer Änderung des Konsumverhaltens. So hat die Mobilität seit 1990 ständig zugenommen. Allein der Kraftfahrzeugbestand hat sich in den letzten zehn Jahren um rund 40% auf 50 Mio. Fahrzeuge erhöht. Dadurch und durch die verschärfte Gesetzgebung (Promille-Grenze) trinken viele Menschen, insbesondere junge Erwachsene, die den Führerschein häufig noch auf Probe haben, weniger oder verzichten gleich völlig auf den Konsum von Alkohol.[79]

---

[77]Vgl. Ebbertz, L., Konzentration im Braugewerbe, 1992, S. 86-92.

[78]Zit. Bayerischer Brauerbund, Geschäftsbericht, 1999, S. 39 u. S. 62; Wiesheu, O., Bayernkurier Report, 26.4.1997, S. 17.

[79]Vgl. Ebbertz, L., Brauwelt Nr. 4, 1996, S. 147; Statistisches Bundesamt, Datenreport, 2000, S. 350-351; pers. Auskunft Herr Dir. Meier, Würzburger Hofbräu, 18.12.2000.

3.2.2.3. Gesellschaftlicher Wandel

Ein geändertes Konsumverhalten resultiert auch aus der Zunahme der Single-Haushalte und der Doppelverdiener ohne Kinder. Letztere Gruppe wird in Brauerkreisen schon kurz „Dinks“ (Double Income, no Kids) genannt.[80] Diese Bevölkerungsgruppe ist vor allem durch einen hohen Lebensstandard gekennzeichnet, der sich auch auf das Nachfrageverhalten nach Bier auswirkt. Gleiches gilt für die Einzelpersonenhaushalte, deren Anteil insbesondere bei den jüngeren Altersgruppen stark zugenommen hat.[81] Zusammen mit der wachsenden Zahl von älteren Menschen hat dies zur Folge, daß immer weniger Konsumenten bereit sind schwere Getränkekisten mit zwanzig Mehrweg-Glasflaschen einzukaufen.[82] Deshalb wird von diesen Kundenkreisen die verstärkte Nachfrage nach kleineren Kästen und nach kleineren Flaschen aufkommen. Zum Teil ist so sicherlich auch der stetige Nachfragezuwachs nach Einwegflaschen und Getränkedosen zu erklären. So wurde 1998 schon 21,74% des Bierausstoßes in Einweggebinden abgesetzt.[83] Im LEH (Lebensmitteleinzelhandel) ist im Jahr 1999 der Absatz der 0,5-l-Dose um 8,6 Prozent auf einen Marktanteil von über 22 Prozent gestiegen und dies ohne ALDI, ohne Lidl und die Tankstellen, die traditionell besonders viel Dosenbier verkaufen.[84] Diese Änderung im Nachfrageverhalten stellt insbesondere für die kleinen und mittleren Brauereien ein Problem dar, da zum einen die Getränkedose in ihrer Herstellung sehr teuer ist[85], sie häufig noch zu Tiefstpreisen angeboten wird[86] und vor allem eine eigene teure Abfüllanlage erfordert, die sich viele Brauereien nicht leisten können.

[80]Vgl. Schur, F., Brauindustrie Nr. 10, 2000, S. 562; Schur, F., Brauwelt Nr. 42/43, 2000, S. 1690.

[81]Vgl. Statistisches Bundesamt, Datenreport, 2000, S. 513.

[82]Vgl. Flohrs, G., Der Biergroßhandel Nr. 11, 2000, S. 14.

[83]Vgl. Deutscher Brauer-Bund, Brauwirtschaft in Zahlen, 2000, S. 10-11.

[84]Vgl. o.V., Brauwelt Nr. 8, 2000, S. 282.

[85]Vgl. Knop, C., FAZ Nr. 295, 19.12.1998, S. 13.

[86]Vgl. Thielen, A., Getränke Zeitung Nr. 23, 2000, S. 1.

Darauf daß auch das deutsche Reiseverhalten den heimischen Biermarkt negativ beeinflußt, weist Huber hin. Zum einen wird „immer mehr Geld ins Ausland getragen (1990: 54,6 Mrd. DM / 1998: 81,4 Mrd.)", zum anderen ändern sich die Eß- und Trinkgewohnheiten.[87] Bedeutsam ist hier vor allem, daß Reisen hauptsächlich in den traditionell besonders absatzstarken Monaten[88] angetreten werden. Schwerwiegender dürften aber die veränderten Konsumvorstellungen der zurückkehrenden Urlauber sein. Die im Ferienland kennengelernten Produkte hinterlassen häufig einen bleibenden Eindruck und der Verbraucher verlangt sie fortan auch im Heimatland. Beim Konsum wird er an den Urlaub erinnert und verbindet so mit dem ausländischen Erzeugnis, z.B. dem ausländischen Bier oder Wein, ein positives Erlebnis. Diese Entwicklung könnte ausländischer Konkurrenz Tür und Tor öffnen. Andererseits werden aber auch insbesondere Frauen und Jugendliche über den Konsum von exotischen Bieren hin zur Nachfrage nach deutschem Bier geführt.[89]

Ganz generell ist zu beobachten, daß sich ein Wandel im Konsumzweck einstellt. So geben nur noch ein Drittel der Deutschen an, Bier zu trinken, um den Durst zu löschen.[90] Die meisten Konsumenten suchen nicht mehr nur die Erfrischung, sondern immer mehr Genuß, Emotionen und Erlebnisse, wenn sie Bier trinken. Der Chefredakteur der Zeitschrift „essen & trinken", P. Ploog, stellt fest "was immer vermittelt werden soll, es muß eine Geschichte haben, denn weniger das Produkt an sich, als vielmehr die

[87]Vgl. Huber, H. W., Brauwelt Nr. 24/25, 1999, S. 1106.

[88]Absatzstarke Monate sind die Monate: August, Juli, Mai, Juni gefolgt von April, Dezember, September. Die erste Gruppe hat deutlich über 10,5 Mio. hl Absatz, die zweite Gruppe deutlich über 9 Mio. hl. (Vgl. Deutscher Brauer-Bund, Statistischer Bericht, 1998, S. 44-45).

[89]Baumann, H., WELT Bier-Report Heft 124, 1993, S. 22-24; o.V. Dynamik im Handel Nr. 8, 1993, S. 30; Kieffer, J., Dynamik im Handel Nr. 8, 1995, S. 74; Jones, S., Brewers' Guardian Nr. 10, 2000, S. 32; Latz-Weber H., Getränke-Verpackung Sonderheft, 2000, S. 8; o.V., Lebensmittel-Report Nr. 4, 2000, S. 66.

[90]Vgl. o.V., Deutsche Getränke Wirtschaft Nr. 10, 2000, S. 13.

Geschichte rund ums Bier, weckt das Interesse".[91] Darüber hinaus sehen viele Wissenschaftler eine Entwicklung hin zu einem Verlangen nach mehr Abwechslung durch Innovationen und zu einem verstärkten Wellness-Fitneß- und Gesundheitsbewußtsein, das sich im Getränkebereich durch eine zunehmende Nachfrage nach Functional Drinks[92] ausdrückt. Neben diesem Aspekt stehe in Zukunft weiterhin immer mehr das Verlangen nach Convenience[93] im Vordergrund. Überdies dient heutzutage ein Produkt oft als Statussymbol sowie zur Demonstration von Wohlstand und Karriere. Weiterhin machen Experten einen Trend zu „multioptionalem Konsum" aus. Das heißt einerseits werde gespart z.B. beim Fast-Food Mittagessen und anderseits abends im noblen Speiselokal „à la Bocuse" gespeist.[94]
Der Bayerische Brauerbund sieht daher die Gefahr, daß Bier zwischen Mineralwasser als Durstlöscher und Wein als Getränk, das für höchsten Genuß steht, in ein Loch zu fallen droht.[95] Eine aktuelle Untersuchung der ConsumerScan unter 17.000 repräsentativen Haushalten zeigt, daß die Verbraucher bei Bier mit zunehmender Tendenz eher preisbewußt einkaufen. Der konsumintensive Biernachfrager kauft nach Angaben der Studie fast 2/3 des gesamten von ihm verbrauchten Bieres zu

---

[91]Zit. Die Zukunft des Bierkonsums, www.Brauer-bund.de/news/presse/aktuell8.htm, 25.11.2000.

[92]Funktional Drinks und Functional Food sind Lebensmittel die über ihre herkömmliche ernährungsphysiologische Funktion hinaus weitere gesundheitsfördernde Effekte aufweisen, sprich einen gewissen Zusatznutzen in dem Bereichen Gesundheit, Wellness oder Fitneß beinhalten, z.B. Joghurtdrinks mit LC1-Kulturen.

[93]Mit Convenience wird das Streben des Verbrauchers nach bequemer einfacher Handhabung und bequemen einfachen Konsum der Produkte in der Lebensmittelbranche bezeichnet. Convenience ist ein Zusatznutzen durch neuen Komfort für den Verbraucher. Die subjektive Betrachtungsweise des Verbrauchers ist ausschlaggebend, ob dieser Zusatznutzen gegeben ist. Convenience im Lebensmittelbereich ist z.B. gegeben, wenn Pausensnack und Getränk in einer Pausendose angeboten werden. Insbesondere große Lebensmittelkonzerne bieten verstärkt Convenience-Produkte an.

[94]Vgl. Latz-Weber, H.; Getränkefachgroßhandel Nr. 10, 2000, S. 610-612; Schur, F., Brauindustrie Nr. 10, 2000, S. 562-563; Schur, F., Brauwelt Nr. 42/43, 2000, S. 1690-1691.

[95]Vgl. Bayerischer Brauerbund, Geschäftsbericht, 1999, S. 62.

Aktionspreisen ein. Konkret ergab die Untersuchung folgendes Ergebnis: 64 % der Bierkonsumenten bezahlen 1,82 DM pro Liter, 9% bezahlen 1,97 DM pro Liter, 11% bezahlen 1,98 DM pro Liter, weitere 9% bezahlen 2,03 DM pro Liter und nur 7% bezahlen 2,13 DM pro Liter.[96] Dieses Verhalten ist typisch für den sogenannten „hybriden Verbraucher" mit seiner „narzißtischen Sehnsucht" nach Luxus einerseits und dem Bestreben andererseits, möglichst billig einzukaufen.[97] Schur bestätigt diesen Trend und weist auf den auffallenden Wandel im Preisgefüge hin, der sich seiner Meinung nach von der „Ei- hin zur Birnen-Struktur" entwickelt, wobei das mittlere Preissegment bei Bier immer mehr schrumpft. Dies sei insbesondere den stark wachsenden Werbeaufwendungen und der damit zunehmenden Werbung zu verdanken, welche die ideellen Werte gegenüber den materiellen Werten, insbesondere bei Bier, erhöht.[98] Daß diese Entwicklung nachhaltige Folgen auf die Erlöse der Brauereien hat, ist offensichtlich. Betroffen sind hiervon in erster Linie kleine und mittlere Brauereien, da diese häufig im mittleren Preissegment angesiedelt sind.

Auch die Kundenwünsche im Bereich Gesundheit, Fitneß und Convenience sind ernst zu nehmen, um angemessen reagieren zu können, was sicherlich teilweise in erhebliche Investitionen mündet. Unter den Bereich Convenience fällt beispielsweise auch die Verpackungsinnovation PET-Flasche, die den Verbraucherwünschen nach Bruchsicherheit und geringes Verpackungsgewicht entgegen kommt, deren Abfüllung aber erhebliche Kosten verursacht, abgesehen davon, daß neue Abfüllanlagen, die ausschließlich nur mit PET- (bzw. PEN-) Flaschen betrieben werden können, benötigt werden.[99]

Es ist allerdings fraglich, ob die Brauer auf alle Trends eingehen sollten, denn nicht alle erweisen sich als dauerhaft und durchsetzungsfähig. Gerade die Fortschritte in der Informationstechnologie bieten wachsende

---

[96] Zit. Meier, R., Rede HV 18. Mai 2000, S. 4.

[97] Vgl. Heyse, K.-U., Brauwelt-Brevier, 1999, S. 3.

[98] Vgl. Schur, F., Brauindustrie Nr. 10, 2000, S. 562.

[99] Zu den Kosten von PET- und PEN-Flaschen siehe auch Kapitel 3.2.4.

ökonomische Transparenz und schnellere Informationsmöglichkeiten. Dabei gewinnen Informationen aus den verschiedensten Regionen verstärkt an Bedeutung. Markentrends und Veränderungen im Konsumentenverhalten laufen zunehmend schneller ab und machen auch vor lokalen und regionalen Grenzen keinen Halt mehr.[100] Dies macht die angemessene Reaktion auf Trends zunehmend schwieriger, da die Dauerhaftigkeit kaum noch abgeschätzt werden kann.

3.2.2.4. Neue Konsumtrends

Gleichzeitig stellen zur Zeit viele Marktbeobachter bei Jugendlichen eine anhaltende Entwicklung weg von Bier hin zu Alcopops fest.[101] Diese Getränke zeichnen sich durch besonders neuartige, farbige Ausstattungen und neue fruchtige Geschmacksrichtungen aus. Generell sei zu bemerken, daß die Trennung zwischen Bier, Biermischgetränken und Alcopops zunehmend von jungen Verbrauchern nicht mehr wahrgenommen wird.[102] Diese Produkte entwickeln sich zu vollkommenen Substitutionsgütern und damit zu konkurrierenden Konsumgüter.
Eine Substitution von Bier findet auch durch andere Getränke wie Säfte, Energydrinks, Schorlen und Functional Drinks statt,[103] wie leicht durch die Untersuchung des Getränkeverbrauchs je Einwohner in Deutschland ersichtlich ist. Zwischen 1991 und 1999 hat in der Gruppe der alkoholfreien Getränken nur der Verbrauch von Kaffee um 13,3% (absolut

[100]Vgl. Heyse, K.-U., Brauwelt Nr. 49/50, 1999, o.S.; el Obeid, S., Brauwelt Nr. 42/43, 2000, S. 1690; pers. Auskunft Herr Dir. Meier, Würzburger Hofbräu, 14.11.2000.

[101]Alkoholhaltige Mischgetränke mit häufig bierähnlichem Alkoholgehalt (ca. 5-7%) z.B. Wodka-Lemon in Longneck-Flaschen.

[102]Pers. Auskunft Herr Hönig, Siemens AG ATD NG, 8.12.2000; Jones, S., Brewers' Guardian Nr. 10, 2000, S. 32.

[103]Vgl. o.V., Brauwelt Nr. 8, 2000, S. 281; Huber, H. W., Brauwelt Nr. 24/25, 1999, S. 1106.

um 25 Liter) abgenommen. Der Verbrauch von Milch ist annähernd gleich geblieben (plus 0,6 Liter), während alle anderen alkoholfreien Getränke zum größten Teil erheblich zugelegt haben. So z.B. Tee um 40,0% (absolut um 9 Liter) Fruchtsäfte um 8,3% (absolut um 3,1 Liter), Erfrischungsgetränke um 19,7% (absolut um 17,1 Liter) und Mineral- und Tafelwasser sogar um 31,9% (absolut um 25,2 Liter). Insgesamt hat der Verbrauch von alkoholfreien Getränke um 6,1% um zugenommen, während der Gesamtverbrauch (alkoholhaltige und alkoholfreie Getränke) je Einwohner nur um 1,7% zulegen konnte. Der Konsum von alkoholhaltigen Getränke hat bei allen Getränkegruppen außer bei Sekt, der eine minimale Verbrauchssteigerung von 0,2 Liter, dies entspricht 4,2% verzeichnen konnte, abgenommen. Der Bierkonsum reduzierte sich um 10,1% (absolut um 14,4 Liter), der Weinkonsum um 13,1% (absolut um 2,8 Liter) und der Spirituosenkonsum sogar um 21,3% (absolut um 1,6 Liter). Insgesamt hat damit die Nachfrage nach alkoholhaltigen Getränken um 10,6% (absolut 18,6 Liter) abgenommen.[104] Obgleich in diesen Zahlen weder die Sprudelbereiter (Soda-Maxx, Soda-Club, etc.), von denen mittlerweile fast jeder fünfte Haushalt ein Gerät besitzt, noch die Konzentrate, Sirupe und Getränkepulver enthalten sind und außerdem die Verschiebungen innerhalb der Gruppe der alkoholfreien Getränke noch nicht erkenntlich sind, z.B. starke Zuname der Schorlen und ACE-Säfte[105], wird deutlich, daß Bier insbesondere von den alkoholfreien Getränken substituiert wird. Ob allerdings auch Nachfrageverschiebungen durch die Substitution von Bier durch andere alkoholhaltige Getränke stattgefunden haben, ist anhand der Zahlen nicht zu erkennen. Denkbar wäre zum Beispiel ein Substitution von Bier durch Wein, und von Wein durch alkoholfreie Getränke z.B. Fruchtsaftschorlen. Von einer stärkeren Substitution von Bier ist auszugehen, wenn in Betracht gezogen wird, daß Bier nach wie vor des Deutschen beliebtestes Kaltgetränk ist, mit einem

[104]Vgl. Deutscher Brauer-Bund, Brauwirtschaft in Zahlen, 2000, S. 8-9.

[105]Vgl. Kickut, R., Beverage World International Nr. 5, 2000, S. 32-33.
ACE-Saft ist ein Saft, der die Vitamine A, C und E enthält.

noch relativ hohen Verbrauch von 127,5 Liter (zum Vergleich: Wasser kann nur einen Pro-Kopf-Verbrauch von 104,2 Liter und Saft sogar nur von 40,5 Liter verzeichnen).

Aber auch innerhalb des Konsums von Bier gibt es Geschmacksveränderungen und Trendbewegungen. So machen Höllhuber/ Kaul in der Vergangenheit verschiedene Trendwellen hin zu einzelnen Sorten aus: Mitte der siebziger Jahre wurde durch die „Pilswelle" die Nachfrage nach Export-Bier abgeschwächt. Pils blieb seitdem die bis heute dominierende Sorte innerhalb des deutschen Biermarktes. Dann begann Anfang der achtziger Jahre die erste „Leichtbierwelle", die Mitte der achtziger durch eine Welle der Alkoholfreien Biere teilweise ersetzt, teilweise ergänzt wurde, sich dann aber Ende der achtziger Jahre durch eine erneute Nachfragewelle nach Leichtbier fortsetzte. Diesem Trend geben die Autoren jedoch keine große Zukunft. Als ein nächster Nachfrageschub folgte vor rund 10 Jahren die „Weizenbierwelle", in der das Weizenbier, das in Südbayern immer recht populär war, besonders außerhalb Bayerns starke Zuwächse erzielte. Darüber hinaus sehen Höllhuber und Kaul noch eine, wenn auch nur von einem Teil der Verbraucher getragene „Ökobierwelle" und eine „Gasthausbrauereiwelle". Seit etwa 1992/1993 meinen sie ebenfalls den Beginn einer „Spezialitätenwelle" ausmachen zu können.[106] Hinzugefügt werden muß eine „Nostalgiewelle", in der z.B. Bügelflaschen[107] wieder modern wurden. Dieser Trend hält unvermindert an und hat jetzt auch alten Marken, auch außerhalb des Bierbereiches, wieder zu Erfolg verholfen. Zu nennen wären hier z.B. Afri-Cola, Vita-Cola und Sinalco, aber auch Wernesgrüner, Hasseröder, Lederer und Radeberger Bier.
Wie aktuell diese Trends noch sind, kann anhand der Verkaufs- und Ausstoßstatistiken sowie Verbraucherumfragen überprüft werden. Deutlich wird, daß von einer Pilswelle nicht mehr zu sprechen ist. Der Marktanteil

[106]Vgl. Höllhuber, D. u. Kaul, W., Die Biere Deutschlands, 1993, S. 55-99.
[107]Vgl. Baumann, H., WELT Bier-Report Heft 124, 1993, S. 70-71.

von Pils stagniert, wenn auch auf hohem Niveau und ist sogar zeitweise leicht rückläufig. Diese Sorte macht rund 2/3 der im LEH und den GAM (Getränkeabholmärkten) abgesetzten Biere aus.[108] Hierbei sind allerdings sehr große regionale Unterschiede festzustellen. Beispielhaft sei dies an Bayern dargelegt. In Bayern liegt der Pils-Absatz im Vergleich zu allen im LEH und GAM verkauften Bieren bei nur knapp 1/3. Der Ausstoßanteil von Pils bezogen auf den Gesamtausstoß an Bier aller bayerischen Brauereien lag sogar nur bei 21,1%. Hierbei muß wiederum bezüglich Nord- und Südbayern unterschieden werden muß. So lag der Anteil von Pils am Gesamtausstoß in Nordbayern bei 44,6%, in Südbayern hingegen bei nur 10,3%. Diese Zahlen lassen tendenziell auch Rückschlüsse auf das Konsumentenverhalten zu (so wir in Südbayern z.B. sehr viel Weizenbier (37,0%) und helles Lagerbier (28.2%) gebraut).[109] Diese regionalen Konsumpräferenzen sind für die Brauwirtschaft von nicht zu unterschätzender Bedeutung. Da die Beachtung regionaler Besonderheiten den Rahmen dieser Arbeit sprengen würde und darüber hinaus kein verläßliches Datenmaterial für jedes Bundesland, geschweige denn jede Region zu beschaffen wäre, muß sich die Betrachtung der Sortenpräferenzen der Konsumenten auf Deutschland beschränken.

Leicht-, Alkoholfreies und Diät-Bier verloren in den letzten Jahren zunehmend Anteile am bundesdeutschen Biermarkt. Das Jahr 1999 macht da keine Ausnahme. Alle drei Sorten kommen auf einen Anteil am Gesamtbierabsatz von knapp 4%. Der Weizenbieranteil ist hingegen weiterhin stark am Wachsen, wobei sich das Wachstum auf Regionen außerhalb Bayerns beschränkt. In Bayern stagniert die Nachfrage seit einigen Jahren auf hohem Niveau. Im Jahre 1999 lag der Weizenbieranteil am Gesamtbierabsatz bei 5,6%. Monetär verzeichnete Weizenbier das stärkste Absatzplus. Prozentual lag es im Vergleich zum Vorjahresausstoß hinter Schwarzbier, noch vor Bockbier an zweiter Stelle. Beide

[108] Vgl. Deutscher Brauer-Bund, Statistischer Bericht, 1998, S. 54-55; o.V., Lebensmittel-Report Nr. 4, 2000, S. 68.

[109] Vgl. Bayerischer Brauerbund, Geschäftsbericht, 1999, S. 41-42.

Spezialitäten konnten 1999 ebenfalls erhebliche Absatzzuwächse erzielen. Ein Indiz dafür, daß sowohl die Weizenbierwelle als auch die Spezialitätenbierwelle noch nicht vorbei sind. Kölsch konnte leichte Zuwächse verbuchen, während der Altbier-Absatz etwas abnahm. Da dunkles Bier zur Zeit aber außerordentlich nachgefragt wird, wird für Altbier in der nahen Zukunft eine Zunahme erwartet. Ebenso bei Export, das mit einem Anteil von 8,8% am Gesamtbierabsatz in LEH und GAM leicht zugelegt hat. Diese Sorte war nach Pils die meist verkaufte Sorte mit starken Marktanteilen in Baden-Württemberg, Bayern und den neuen Bundesländern mit Ausnahme von Thüringen.[110]

Bei Ökobier wurde leider kein Absatzverhalten untersucht. Sicherlich ist es aber für Ökobiere schwer, ihre Unterschiedlichkeit zu Bieren, die nach dem Reinheitsgebot gebraut sind, darzulegen. Daraus kann deshalb nur gefolgert werden, daß Ökobier zum heutigen Zeitpunkt für den Großteil der Bevölkerung noch nicht interessant ist.[111] Es ist ob seines Anspruches eher ein Nischenprodukt mit einem durchaus festen Kundenkreis. Von einer „Öko-Welle“ kann jedoch nicht gesprochen werden.

Der Besuch und Konsum in Gasthausbrauereien läßt sich ähnlich beurteilen, wenn auch Indizien dafür sprechen, daß dieses Konzept den Verbraucherwünschen nach Erlebniswelt entspricht. Dafür sprechen die Franchise-Unternehmen wie z.B. Johann Albrecht, die in Großstädten diese Erlebnisgastronomie sehr erfolgreich anbieten, sowie die noch immer wachsende Zahl an Gasthausbrauereien, die neuerdings auch zunehmend in Hotels integriert werden.[112] Da aber der Bierabsatz dieser Unternehmen

---

[110]Vgl. Deutscher Brauer-Bund, Statistischer Bericht, 1998, S. 54-55 u. S. 60-61; Deutscher Brauer-Bund, Brauwirtschaft in Zahlen, 2000, S. 12-13; o.V., Lebensmittel-Report Nr. 4, 2000, S. 70-74; Schinner, H., Rede 18. März 2000, S. 1-2.

[111]Ökobier hatte in Bayern1998 nur einen Anteil von 0,4% am Ausstoß, obwohl vier der fünf größten deutschen Ökobieranbieter in Bayern produzieren. Die größte Öko-Brauerei, die Neumarkter Lammsbräu, hat einen Ausstoß von ca. 70.000 hl Ökobier. (Vgl. Röhrscheid, J., FAZ Nr. 256, 03.11.1999, S. W5; Top-Five der Öko-Biere, www.infodienst.de, 21.9.2000).

[112]Vgl. Schulters, J., Brauerei-Journal Nr. 10, 2000, S. 404.

verschwindend gering ist im Vergleich zum gesamtdeutschen Bierabsatz, wäre es sicherlich vermessen, von einer „Gasthausbrauerei-Welle“ zu sprechen.

Da das Konsumverhalten für die Zukunft prognostiziert werden soll, ist eine Untersuchung der CMA über Bierpräferenzen bei den unter 30-jährigen interessant. Bei dieser Konsumentengruppe stand nach Pils, Weizenbier und Export/Lager, Altbier auf Platz vier in der Beliebtheitsskala. 73% der Befragten gaben an, neben ihrer Lieblingssorte regelmäßig eine zweite Biersorte zu trinken und 35% der Befragten konsumieren regelmäßig sogar eine dritte und vierte Sorte.[113] Auch bei Frauen steht die Probierfreudigkeit mit steigender Tendenz hoch im Kurs, so die Studie. Im Durchschnitt konsumierten Frauen 1999 2,7 Biersorten, während der Durchschnitt im Jahre 1998 noch bei 1,8 Biersorten lag.[114]

Diese Zahlen sprechen für eine Konsumzunahme von Bierspezialitäten und bestätigen die aktuelle Aussage von Fachzeitschriften, daß Bierspezialitäten immer mehr Anhänger finden.[115] Die Spezialitätenwelle ist somit erst am Beginn ihrer Entwicklung und es ist zu erwarten, daß sie noch an Dynamik zunehmen wird.

Für eine solche Entwicklung sprechen auch die Aussage des Präsidenten des Bayerischen Brauerbundes und die Aussage von Hopfenhändlern, daß die Tendenz zu milderen Bieren gehe, die weniger stark gehopft sind.[116]

Diese Aussagen sprechen gegen den weiteren Erfolg der Sorte Pils, die bekanntlich das am stärksten gehopfteste Produkt ist. Sie bestätigen vielmehr die Tendenz für den Erfolg von Bierspezialitäten, die in der Regel schwach gehopft und mehr malzbetont sind. Diese Entwicklung kann besonders für Großbrauereien negativ sein, da diese oft nur Pils herstellen.

---

[113]Vgl. o.V., Lebensmittel Praxis Nr. 4, 2000, S. 77.

[114]Vgl. CMA, Presse-Unterlagen Brau 2000, 15.-17. November 2000.

[115]Vgl. Alvarez, C., Modern Brewery Age Nr. 37, 2000, S. 9; o.V. Brauerei Forum Nr. 11, S. 328; Brühl, I., Getränkefachgroßhandel Nr. 10; 2000; S. 626-630.

[116]Vgl. Cooberg, H.-J. u. Steiner, S., Hopfenrundschau International, 1999, S. 25; Ohneis, G., Hopfen-Rundschau Nr. 11, 2000, S. 236.

Aus den zitierten CMA-Untersuchungen wird aber auch deutlich, daß Unterschiede im Konsumverhalten bestehen. So trinken nur 73% der Frauen überhaupt Bier (über ¼ trinkt kein Bier!) und nur 46% der Bier trinkenden Frauen trinken Bier mindestens einmal in der Woche.[117] GfK-Studien gehen davon aus, daß die Bier trinkenden Frauen dreimal weniger konsumieren als Männer.[118]

Trotz aller unterschiedlicher Konsumpräferenzen, trinken doch alle gerne in Gesellschaft, die Frauen zu 60%, die Biertrinker unter 30 Jahren zu 89% und die deutschen Konsumenten (Männer, Frauen, Alt und Jung) zu 76%. Die Umfragen ergaben auch, daß am liebsten außerhalb der eigenen vier Wände Bier konsumiert wird,[119] was aber nicht automatisch eine Verlagerung von Innerhauskonsum auf Außerhauskonsum nach sich ziehen muß.[120]

Diese Konsumpräferenzen sind wahrscheinlich in der Vergangenheit zu wenig beachtet worden, sonst würde der Pro-Kopf-Verbrauch nicht rückläufige Tendenzen aufweisen. Insbesondere die Frauen müßten als größte Bevölkerungsgruppe für den Bierkonsum gewonnen werden. Die Aufgabe der Brauer wird es sein, zusammen mit Gastronomen und LEH, GFGH (Getränkefachgroßhandel) und GAM verstärkt den Kundenwunsch nach geselligem Außerhauskonsum Rechnung zu tragen und Konsummöglichkeiten in der Gemeinschaft aufzuzeigen und/oder anzubieten.

In diesem Zusammenhang ist es notwendig, das teilweise negative Image von Bier, das in nicht unerheblichem Maße von Vorurteilen geprägt ist, aufzubessern. Höllhuber/Kaul beklagen, daß Bier oft als nicht gourmetwürdig betrachtet wird und durch die Medien zu wenig Aufmerksamkeit zugesprochen bekommt. Insgesamt seien mit Bier im

---

[117]Vgl. CMA, Presse-Unterlagen Brau 2000, 15.-17. November 2000.

[118]Vgl. Schur, F., Brauindustrie Nr. 10, 2000, S. 563; Schur, F., Brauwelt Nr. 42/43, 2000, S. 1691.

[119]Vgl. CMA, Lust auf Bier, o.J. S. 13; CMA, Presse-Unterlagen Brau 2000, 15.-17. November 2000; o.V., Lebensmittel Praxis Nr. 4, 2000, S. 77.

[120]S. Kapitel 3.2.3.

Vergleich zu Wein eher negative Assoziationen verbunden. Hinzu kommt noch das alte Vorurteil, daß Bier dick mache.[121] In dieselbe Richtung geht der Bayerische Brauerbund, der ebenfalls die zu geringe Medienpräsenz von Bier und vor allem die zu geringe Wertanmutung des Bieres von Seiten der Kunden beklagt. Insgesamt sieht der Brauerbund noch erhebliche Imageprobleme für das Produkt Bier.[122] Daß das derzeitige Image nicht unbedingt nachfragefördernd ist, ist offensichtlich. So ist gerade die Imageverbesserung eine Aufgabe, die von alle Brauereien, ob groß oder klein, zu bewältigen ist.

[121] Vgl. Höllhuber, D. u. Kaul, W., Die Biere Deutschlands, 1993, S. 14-15 u. S. 111; o.V., Der Neue Tag Nr. 94, 22.-24. April 2000, Sonderveröffentlichung, o.S.

[122] Vgl. Bayerischer Brauerbund, Geschäftsbericht, 1999, S. 62-63.

3.2.3. Gewerbliche Abnehmer / Absatzmittler

3.2.3.1. Gastronomie

Die gewerblichen Abnehmer lassen sich in fünf Gruppen einteilen, die gleichzeitig auch die verschiedenen Distributionswege darstellen. Dabei handelt es sich um die Gastronomie, den Lebensmitteleinzelhandel, den Getränkefachgroßhandel, die Getränkeabholmärkte und die sonstige Abnehmer.

Die Entwicklung der Gastronomie bereitet der deutschen Brauwirtschaft erhebliche Sorgen. Die Umsätze der Gastronomie sind seit Jahren rückläufig. In der Speisegastronomie (Restaurants, Cafés, Eisdielen und Imbißhallen) verringerte sich der Umsatz von 1994 bis 1998 um 5,6%. Im sonstigen Gaststättengewerbe, dazu zählen die Schankwirtschaften, Bars, Vergnügungslokale, Diskotheken, Tanzlokale und Trinkhallen, waren die Umsatzrückgänge im selben Zeitraum mit minus 14,7% noch stärker.[123] Noch erheblichere Umsatzeinbußen mußten die deutschen Brauer bezogen auf ihren Gastronomieabsatz hinnehmen. So haben die deutschen Gastwirte im Jahre 1998 verglichen mit 1991 rund 9 Mio. hl weniger ausgeschenkt.[124] Da in der Gastronomie überwiegend Faßbier verkauft wird, sank folgerichtig der Anteil an Faßbier am Bierausstoß von 23,25% im Jahr 1993 auf 19,51% im Jahr 1998.[125] Dies trifft besonders die kleinen Brauereien, da sie besonders stark von der Gastronomie abhängen. Deutlich wird dieser Sachverhalt durch Betrachtung des Gastronomieanteils am Gesamtumsatz, der für kleine Brauereien bei Ebbertz auf 40% beziffert wird, während Großbrauereien ein Gastronomieanteil von „nur“ 15%

---

[123]Vgl. Statistisches Bundesamt, Datenreport, 2000, S. 317.

[124]Vgl. Lill, U., FAZ Nr. 28, 3.2.1999, S. 22.

[125]Vgl. Deutscher Brauer-Bund, Brauwirtschaft in Zahlen, 2000, S. 10.

aufweisen.[126] Nach Angaben des Bayerischen Brauerbundes wird mit stetig rückläufiger Tendenz durchschnittlich knapp ein Drittel des bayerischen Bierausstoßes über die Gastronomie abgesetzt.[127] Auch dies ist ein Indiz für die relativ starke Abhängigkeit der kleinen Betriebe von der Gastronomie, ist doch Bayerns Brauwirtschaft besonders durch kleine und mittelständische Unternehmen geprägt. Diese Entwicklung trifft die Brauereien mit besonderer Härte handelt es sich bei den Einbußen überwiegend um das besonders ertragbringende Faßbier.[128]

Die Gründe für diese Entwicklung sind vielfältig.[129] Die Gastronomie befindet sich in einem Strukturwandel, in dem die Schankwirtschaften und traditionellen Gaststätten, in denen Bier als Hauptgetränk vorherrscht, zunehmend Kunden an Lokale mit ausländischen Spezialitäten, in denen weniger Bier getrunken wird, verlieren.[130] Hinzu kommt ein geändertes Freizeitverhalten, weg vom Besuch „gut bürgerlicher" Wirtschaften hin zur sogenannten „Erlebnisgastronomie" und zu Szene-Gaststätten, in denen vor allem das ertragsschwächere Flaschenbier und ausländische Biere konsumiert werden.[131] Der Anteil ausländischer Biere erreicht in der Gastronomie schon bis zu 24% am Umsatz.[132]

Der Bierkonsum in der Gastronomie, wird auch durch die wachsende Spanne zwischen dem Bierpreis im Handel und dem Bierpreis in der Gastronomie, behindert. Bei einem Vergleich der Preise wird dies deutlich. Während der Liter Bier im Handel im Durchschnitt für 2,-- DM zu haben ist, kostet ein Liter Bier in der Gastronomie zwischen 9,--DM und 11,--

[126]Vgl. Ebbertz, L., Konzentration im Braugewerbe, 1992, S. 521-522.

[127]Vgl. Bayerischer Brauerbund, Geschäftsbericht, 1999, S. 50-51.

[128]Da Faßbier überwiegend über die Gastronomie abgesetzt wird und diese in der Regel über Bierlieferverträge gebunden ist, konnten in diesem Gebindebereich höhere Margen durchgesetzt werden.

[129]Vgl. o.V., Brauwelt Nr. 8, 2000, S. 281.

[130]Vgl. Bayerischer Brauerbund, Geschäftsbericht, 1999, S. 52; Röhrscheid, J., FAZ Nr. 256, 3.11.1999, S. W5; Jones, S., Brewers' Guardian Nr. 10, 2000, S. 32.

[131]Vgl. o.V., FAZ Nr. 166, 21.7.1998, S. 19; Berger, R., Brauwelt Nr. 49/50, 1999, S. 2353; Horn, M., Brauwelt Nr. 51/52, 1999, S. 2452.

[132]Vgl. Heiermann, M., Lebensmittel Praxis Nr. 10, S. 35.

DM für deutsches Bier und bei internationalen Bieren liegt der Preis sogar bei bis zu 20,-- DM pro Liter. Eine zunehmende Verlagerung zum Bierkonsum außerhalb der Gastronomie ist die Folge.[133]
Dies sind alles Gründe, die nicht gerade den Gastronomieabsatz heimischer Brauereien fördern, dennoch nehmen die Leistungen der Brauereien gegenüber dem Gastgewerbe zu und dies trotz sinkender hl-Rentabilität.[134] Die Gastronomen erhalten oft äußerst günstige Preis- und Finanzierungskonditionen, die nur mit Blick auf die erhoffte Imageverbesserung durch Übertragung des Images des Lokals auf das Bier zu rechtfertigen sind.[135] Insbesondere die Darlehen an die Gastwirte nahmen in den letzten Jahren stark zu.[136] Laut Krauss wird zu häufig um jeden Preis ein Bierlieferungsvertrag abgeschlossen und Quantität steht vor Qualität. Auf dingliche Sicherheiten bei der Darlehensvergabe wird im Kampf um die Lieferverträge nicht mehr geachtet.[137] Die Folge ist eine zunehmend schlechtere Zahlungsmoral in der Gastronomie. Häufig werden nicht einmal mehr die bestellten Bierlieferungen bezahlt.[138] Hohe Wertberichtigungen für die an Gaststätten ausgelegten Darlehen sind deshalb in der deutschen Brauindustrie keine Seltenheit[139] und dies bei aufgrund des sinkenden hl-Verbrauchs höheren Betreuungskosten.[140] Da sind schnell einige Millionen DM an Ausleihungen, Vorfinanzierungen und Investitionszuschüssen für die Summe aller Gastronomieobjekte zusammen. Daß insbesondere kleinere und mittlere Brauereien bei diesen Vorleistungen nicht mehr mithalten können, ist verständlich.

---

[133]Vgl. Klinger, F., Braugewerbe in Bayern, 1997, S. 263-264; Horn, M., Brauwelt Nr. 51/52, 1999, S. 2450-2452.
[134]Vgl. Kuhl, V., Bier - Marketing, 1990, S. 215.
[135]Vgl. Stauder, T., Qualitätsmanagement, S. 35.
[136]Vgl. IKB, Branchenbericht Brauereien, 1998, S. 3.
[137]Vgl. Krauss, T., Brau Ring Magazin Nr. 17, 2000, S. 16.
[138]Vgl. Bosch, H., Die Privatbrauerei Nr. 11-12, 2000, S. 410.
[139]Vgl. Helmer, W., FAZ Nr. 34, 12.2.1999, S. 22.
[140]Vgl. Huber, H. W., Brauwelt Nr. 24/25, 1999, S. 1106.

3.2.3.2. Getränkefachgroßhandel und Getränkeabholmärkte

Der scharfe Wettbewerb um den Bierabsatz in der Gastronomie wird zusätzlich durch ein verstärktes Eindringen des GFGH in den Gastronomiebereich erhöht. Dieser bindet die Gastronomen mit eigenen Bierlieferverträgen, die in der Regel jedoch nicht auf eine Marke oder Brauerei festgelegt sind, sondern nur mengenmäßig an den GFGH als Lieferanten. Die Marken und Sorten zu wechseln ist beliebig erlaubt. Das Vordringen von auswärtigen, auch ausländischen Brauereien, in den lokalen Markt wird damit erleichtert.[141] Auch durch den GFGH hat, wie an diesem Beispiel leicht zu erkennen ist, die Brauwirtschaft mit zunehmenden Problemen zu rechnen.

Aufgrund der steigenden Konzentration auf der LEH-Seite und den zunehmenden Absatzproblemen besteht ein Trend zu immer größeren Zusammenschlüssen (z.B. Profi-Gruppe) und wirtschaftlichen Kooperationen (z.B. Getränkering) auf Seiten des GFGH.[142] Die Marktmacht gegenüber den Brauereien wird hierdurch immer größer. So laufen schon jetzt 75% des Bierabsatzes über den GFGH, der darüber hinaus rund 70% der Getränkemärkte besitzt.[143] Die Getränkemärkte sind mit 28,2% größter Absatzmittler an die Endverbraucher, stehen aber in zunehmender Konkurrenz zum LEH, dessen Anteil stetig zunimmt.[144] Um den direkten Preisvergleich mit dem LEH zu umgehen bietet der GFGH für seine Getränkemärkte Bier unter eigenen Handelsmarken an. Diese Biere sind exklusiv nur in den entsprechenden GAM erhältlich und nicht im organisierten LEH zu kaufen. Diese Handelsmarkenbiere werden zum Teil stark beworben, um sie als exklusive Marken unter den Premiumbieren zu

---

[141] Vgl. Ebbertz, L., Konzentration im Braugewerbe, 1992, S. 540; Stauder, T., Qualitätsmanagement, 1995, S. 36-37.

[142] Vgl. o.V., Brauwelt Nr. 8, 2000, S. 281.

[143] Vgl. Guder, G., Getränkemarkt Nr. 11, 2000, S. 776.

[144] Vgl. Heiermann, M., Lebensmittel Praxis Nr. 10, 2000, S. 35; Birnbaum, G., Getränkefachgroßhandel Nr. 10, 2000, S. 606.

etablieren und damit die Kunden zu binden.[145] Die Forcierung von Handelsmarken ist insofern ein Problem für die Brauindustrie, da die Profilierung der Handelsmarken in Deutschland über den Preis läuft, d.h. sie sind fast ausschließlich im unteren Preissegment angesiedelt. Eine aktuelle Studie der Unternehmensberatung Weihenstephan hat ergeben, daß auch in Zukunft verstärkt über den Preis insbesondere im Bereich Bier profiliert wird. Darüber hinaus führt dies zu verstärktem Werbedruck in der Branche, da die Handelsmarke als neuer Konkurrent gesehen werden muß, einhergehend mit einem Imageverlust für die eigenen Biere.[146] Um weiterhin vom Getränkemarkt vertrieben zu werden, sind hohe finanzielle Zugeständnisse von Seiten der Brauereien nötig, die von Preisnachlässen über Listungsgebühren bis hin zum Auslistungsverhinderungsrabatt reichen.[147]

Der zunehmenden Gebindeindividualisierung stehen die GFGH und GAM zwiegespalten gegenüber. Zum einen erfordert die Individualisierung von Kästen und Flaschen einen enormen Lager- und Sortieraufwand, zum anderen haben solche individuellen Gebinde einen größeren Verkaufserfolg beim Endverbraucher. Aus diesem Grunde wird die Individualisierung akzeptiert.[148] Da aber jedes neue Gebinde zusätzlichen Sortieraufwand bedeutet, haben insbesondere kleine und mittlere Brauereien, die nicht über einen so hohen Umsatz verfügen, häufig keine Chance gelistet zu werden. Auch die Getränkefachgroßhändler beschränken sich häufig auf umsatzstärkere, stark beworbene Marken.[149]

---

[145]Vgl. Lange-Hermstädt, G., Getränke-Ring Aktiv Nr. 2, 2000, S. 127; o.V., Getränke-Ring Aktiv Nr. 2, 2000, S. 123.

[146]Vgl. Unternehmensberatung Weihenstephan, Studie „Handelsmarken im Aufwind ?“, 2000, S. 8-9, S. 21 u. S. 27.

[147]Vgl. Niklaus, W.; Dynamik im Handel Nr. 8, 1993, S. 16.

[148]Vgl. Schöffel, C., Dynamik im Handel Nr. 8, 1993, S. 23.

[149]Vgl. Bayerischer Brauerbund, Geschäftsbericht, 1999, S. 52.

3.2.3.3. Lebensmitteleinzelhandel

Besonders gravierend ist die Situation im LEH, der seit Anfang der sechziger Jahre von einem infolge verstärkter Konkurrenz anhaltenden Konzentrationsprozeß geprägt ist. Die Zahl der Unternehmen des Lebensmitteleinzelhandels ging zwischen 1960 und 1996 um 80% zurück. Besonders stark reduzierte sich die Zahl der kleinen Lebensmittelläden.[150] Diese Tendenz setzt sich fort. Im Jahre 1998 mußten 2400 Supermärkte schließen, knapp 5 Prozent aller Supermärkte. Sie erwirtschafteten 1998 nur noch 18,5 % des Umsatzes im Lebensmittelhandel. Zulegen konnten dagegen sowohl Discounter, als auch Verbrauchermärkte.[151] Der Begriff Verbrauchermarkt bezeichnet Läden, die über eine Verkaufsfläche von mindestens 1.000 qm verfügen und ein Vollsortiment an Nahrungs- und Genußmitteln, sowie andere Waren anbieten. Der Discounter hingegen ist auf ein enges, auf raschen Umschlag ausgerichtetes Warensortiment beschränkt, das er zu vergleichsweise niedrigen Preisen anbietet. Beiden Betriebsformen des Lebensmittelhandels ist gemein, daß sie weitgehend auf Kundendienstleistungen verzichten.[152]

Die Konzentration im LEH wird auch daran deutlich, daß 1998 die zehn größten Unternehmen bereits über 80 % des Umsatzes erzielten, die 30 Größten bereits 97%. Die zehn größten Unternehmen des LEH erwirtschafteten zusammen einen Umsatz von 202 Mrd. DM.[153] Hieran wird bereits die Marktmacht dieser Unternehmen deutlich. Daß diese Konzerne auch gegenüber ihren Lieferanten eine enorme Marktmacht haben, wird klar durch einen Vergleich der 100 größten Industrie- und Handelsunternehmen in Deutschland. Unter den zehn größten

---

[150]Vgl. Statistisches Bundesamt, Datenreport, 2000, S. 304.

[151]Vgl. Harenberg, B., Aktuell 2000, 16. Jg., 2000, S. 142.

[152]Vgl. Geßner, H.-J., Marketing Lexikon - Diskontgeschäft, 1994, S. 214; Geßner, H.-J., Marketing Lexikon – Verbrauchermarkt, 1994, S. 1193.

[153]Vgl. Harenberg, B., Aktuell 2000, 16. Jg., 2000, S. 142; Huber, H.W., Brauwelt Nr. 24/25, 1999, S. 1106.

Unternehmen befanden sich im Jahre 1999 drei Handelsunternehmen des Lebensmitteleinzelhandels (Metro, Rewe, Edeka/Ava). Insgesamt sind es 13 Handelsunternehmen, die neben anderen Geschäftsbereichen auch im LEH tätig sind. Alle bis auf Wal Mart Deutschland (Platzt 88)[154] liegen vor dem einzigen Unternehmen, das auch in der Brauindustrie tätig ist. Hierbei handelt es sich um Oetker (auf Platz 87 der Größenrangfolge), der den Binding-Konzern, Frankfurt zu 75%[155] sein eigen nennt.[156] Aus diesen Platzierungen wird deutlich, wie gering die Marktmacht auch der großen Braukonzerne gegenüber den Handelsunternehmen ist.

Aber auch untereinander herrscht seit langem ein erbitterter Preiskampf unter den großen Lebensmitteleinzelhändlern und nicht erst, seitdem Wal Mart auf dem deutschen Markt präsent ist.[157] Insbesondere beim Flaschen- und Dosenbier setzten die großen Einzelhandelskonzerne die Brauereien preislich so stark unter Druck, daß kaum noch Gewinne erzielt werden können,[158] da Bier zu den beliebtesten „Lockvogelangeboten" des Handels zählt.[159] Der ohnehin schon harte Wettbewerb wird durch den insgesamt rückläufigen Umsatz im LEH noch verschärft, so sind nicht einmal Preisersteigerungen von 20 Pfennig für den Kasten Bier für den GFGH, geschweige denn für Brauereien möglich. Einen höheren Preis als 20 DM für eine Kiste Bier zu verlangen, bleibt seit Jahren nur ausgesuchten Spezialisten und gewissen Standorten vorbehalten.[160] Dagegen waren 1999

[154]Bei dieser Platzierung handelt es sich nur um Wal Mart Deutschland. Der Handelsriese Wal Mart ist auf der Forbes-Liste der weltweit 500 größten Unternehmen auf Platz 2!

[155]Vgl. Lill, Uwe, FAZ Nr. 28, 3.2.1999, S. 22.

[156]Die Rangfolge wurde gemäß den Unternehmensumsätzen festgelegt. Vgl. Doster, E., SZ Nr. 200, 31.8.2000, S. 26-27.

[157]Vgl. Jones, S., Brewers' Guardian Nr. 10, 2000, S. 32.

[158]Vgl. Jaspert, W., SZ Nr. 20 BY, 26.1.1999, S. 20.

[159]Beispielsweise der Kasten Oettinger Hell für 6,-- DM. (Vgl. Edeka, Kundenzeitschrift Erlebnis Nr. 3, 2000, S. 20).

[160]Vgl. Latz-Weber, H., Lebensmittel Praxis Nr. 10, 2000, S. 32-33.

Preissenkungen um bis zu 3,--DM pro Kiste keine Seltenheit.[161] Nationale Markenbiere, die sogenannten Premiumbiere, bekommen diese Entwicklung besonders zu spüren. Da diese Marken deutschlandweit beworben werden und damit über einen hohen Bekanntheitsgrad verfügen, sind sie besonders geeignet, den Verbraucher ins Geschäft zu locken. Ein Indiz sind die Aktionen im LEH. 26% der Premiumbiere und 21% der Weizenbiere werden über Aktionen verkauft.[162] Beispielsweise lag der durchschnittliche Niedrigpreis bezogen pro 20 x 0,5 Liter-Kasten von Januar 2000 bis Oktober 2000 für Münchner Löwenbräu bei 17,88 DM (im Oktober lag der niedrigste Preis sogar bei 16,99 DM). Krombacher war im Durchschnitt in diesen Monaten für 18,77 DM, König-Pilsener für 17,48 DM, Veltins für 18,82 DM und Warsteiner für 18,49 DM (im Oktober 2000 sogar für 17,99 DM) zu erstehen.[163] Wird bedacht, daß dem Verkaufspreis von 19,-- DM ein Rampenpreis ab Brauerei von 12,-- DM entspricht,[164] so wird die Problematik dieser Aktionspreise, die nur über Preiszugeständnisse von Seiten der Brauereien erzielt werden, deutlich. Diese Aktionen haben zur Folge, daß der Durchschnittspreis für Premiumbiere dauerhaft gefallen ist. So sind beispielsweise in Baden-Württemberg die Durchschnittspreise für Warsteiner Bier von 1994 bis 1998 von 22,91 DM/Kasten auf 20,60 DM/Kasten und der für Krombacher von 21,19 DM/Kasten auf 20,12 DM/Kasten gefallen.[165]

Aber nicht nur der Preis für Premiumbiere, sondern auch der Preis für Dosenbier sinkt. Die 0,5 Liter-Dose stand im ersten Halbjahr 2000 zu 51,4 Prozent zu einem Preis von unter 0,89 DM in den Regalen. Bei den in zunehmendem Maße auch im LEH von Discountern angebotenen Handelsmarken beträgt der Preisanteil der Dosen unter 59 Pfennigen mittlerweile 70,6 Prozent und Aldi bietet seine 0,5 Liter Bierdose bereits

---

[161]Vgl. Würzburger Hofbräu, Geschäftsbericht 1998-1999, S. 4.

[162]Vgl. Guder, G., Getränkemarkt Nr. 11, 2000, S. 776.

[163]Vgl. Lang, D., Getränke Zeitung Heft 23, 2000, S. 20.

[164]Vgl. Huber, H. W., Brauwelt Nr. 24/25, 1999, S. 1106.

[165]Vgl. Huber, H. W., Brauwelt Nr. 24/25, 1999, S. 1106.

für 49 Pfennige an.[166] Bei solchen Preisen können die Brauereien kaum mehr Gewinne erwirtschaften, wenn bedacht wird, daß allein die Materialkosten für die Dose 1992 von Ebbertz auf ca. 20 Pfennige veranschlagt wurden.[167] Daß durch diese Billigpreise, egal ob Dose oder Flasche, das Image von Bier im allgemeinen und von den entsprechenden Marken im besonderen dauerhaft beschädigt wird,[168] ist auch ein zu berücksichtigender Faktor bei den Fragen nach den Gründen der Konzentration und des Konsumrückgangs. Es ist verständlich, daß das Dosenbier besonders von den Verbrauchermärkten und Discountern forciert wird, erspart doch die Dose erhebliche Distributionskosten, da für sie bisher als Einweggebinde keine Rücknahmepflicht bestand.[169]

Wie die Entwicklung ab Sommer 2001 (ab diesen Zeitpunkt will die Bundesregierung die Dose mit einem Zwangspfand belegen, falls die Verbände sich zuvor nicht freiwillig auf ein Pfand einigen)[170] weitergeht, wird abzuwarten sein. Der Handel reagierte prompt: „Wenn in den Aufbau einer Rücknahmelogistik investiert werden muß, werden sich logistisch schwerfällige Mehrwegsysteme kaum am Markt halten können“ so der Standpunkt des BDH.[171] Der BVL formuliert seine Auffassung ähnlich: „Durch die wirtschaftlichen Zwänge sehen sich die Handelsunternehmen veranlaßt, auf teuere und aufwendige, zweigleisige Rückführsysteme für Einweg und Mehrweg zu verzichten und sich verstärkt dem Einweg-Getränkebereich zuzuwenden.“[172] Diese Drohgebärden des Handels, bei einem Zwangspfand alle Mehrwegflaschen auszulisten, dürfte aus politischen Gründen nicht durchzusetzen sein und somit nicht wirklich eine Bedrohung für die Brauindustrie darstellen. Es könnte aber sein, daß verstärkt vom Handel Einwegprodukte eingesetzt werden, da bei diesen

[166]Vgl. Busch, M., Deutsche Getränke Wirtschaft Nr. 10, 2000, S. 18.

[167]Vgl. Ebbertz, L., Konzentration im Braugewerbe, 1992, S. 408.

[168]Vgl. Schwarzer, H., Aktuelle Biermarkt-Perspektiven, 1992, S. 66.

[169]Vgl. Kempcke, T., Dynamik im Handel Nr. 11, 1994, S. 38-43.

[170]Vgl. Thielen, A., Getränke Zeitung Heft 23, 2000, S. 1 u. S. 4.

[171]Vgl. Busch, M., Deutsche Getränke Wirtschaft Nr. 10, 2000, S. 17.

[172]Vgl. Lück, S. A., BVL intern Nr. 1, 2000, S. 2.

Gebinden auch bei einer Rücknahmepflicht dadurch, daß sie nur dem Recycling zugeführt werden, ein geringerer Sortieraufwand entsteht. Aber auch in diesem Fall würden Verbraucherverbände und Politik regulierend eingreifen. Allein schon aus Imagegründen sollte kein Unternehmen ein solche Haltung einnehmen. Dennoch bleibt diese Gefahr bestehen, da sich der Wandel auch sehr schleichend vollziehen kann. Eine stärkere Forcierung der Dosen ist für alle Brauereien fatal, da hier relativ hohe Gebindekosten und Abfüllkosten für die Dose anfallen,[173] die Erlöse aber am niedrigsten im Vergleich zu allen anderen bisher gängigen Gebindeformen sind. Zusätzlich besteht eine gewisse Gefahr, daß der Handel die Entsorgungskosten nach dem Verursacher-, sprich in diesem Fall Herstellerprinzip von den Brauereien verlangt. Mit Dosenbier ist unter diesen Umständen kein Gewinn zu erzielen. Nur wenn die Preise für Dosenbier wieder deutlich anziehen würden, könnte hier ein profitables Geschäftsfeld entstehen. Darüber hinaus muß beachtet werden, daß sich viele kleine und mittlere Brauereien eine eigene Dosenabfüllanlage nicht leisten könnten.

Die wachsende Handelsmacht des LEH führt aber nicht nur zu den Image schädigenden Billigpreisen. Zu den offenen Preiszugeständnissen kommen zusätzlich auch noch versteckte finanzielle Leistungen in Form von Einstandsgeldern, Listinggebühren, Werbekostenzuschüssen, Auslistungsverhinderungsrabatten, Regalmieten, Markteröffnungsgeldern, Aktionsrabatten, Platzierungsgeldern und anderen versteckten Preisnachlässen hinzu. Allein die Listinggebühren für einen großen Verbrauchermarkt (nicht für die Verbrauchermarkt-Kette) beträgt bis zu einer Mio. DM und darüber. Die Markteröffnungsgelder sind mit bis zu 20.000,--DM zu veranschlagen.[174] Für Neueinführungen ist es aus diesem Grunde besonders schwierig, ins Sortiment aufgenommen zu werden. Lediglich auf die regionalen Brauereien mit einer hohen lokalen Marktmacht, kann der LEH

[173]Vgl. Ebbertz, L., Konzentration im Braugewerbe, 1992, S. 410-411.
[174]Pers. Auskunft Herr Dir. Meier, 18.12.2000.

nicht verzichten,[175] da er sonst die Gefahr eingeht, daß der Verbraucher bei der Konkurrenz einkauft. Aus diesem Grund ist der lokale Marktführer nicht gezwungen, alle der genannten Preisnachlässe zu gewähren. Grundlage dafür stellt aber eine hohe emotionale Bindung des Verbrauchers an die heimische Marke dar.

Verstärkt wird Bier auch als eigene Handelsmarke im LEH eingesetzt, hier besonders, wie oben schon erwähnt, von Discountern. Insgesamt ist davon auszugehen, daß Handelsmarken weiter zunehmen. So sehen knapp 30% aller Lebensmittelunternehmen in den nächsten fünf Jahren bei Handelsmarken-Bier ein Marktpotential von mindestens 10%.[176] Diese Entwicklung wird besonders die Produzenten von mittelpreisigen Bieren unter Druck setzten, davon oben die vergleichsweise günstigen Premiumbiere und von unten die Niederpreisbiere und Handelsmarken eine preiswerte Alternative bieten.[177] Ausländische Biere stellen bezogen auf den Absatz durch den LEH noch kein Problem dar. Sie besitzen lediglich einen Handelsanteil von 1%.[178]
Problematischer ist vielmehr, daß Handel und GFGH aus Logistikgründen zunehmend eine besonders lange Haltbarkeit des Bieres fordern; in der Regel ein Jahr und länger. Zum Teil wird diese Anforderung auch gestellt, um den Kunden zu suggerieren, daß sie ein besonders frisches Bier erhalten. Dies ist insofern ein Problem für die Brauwirtschaft, da kleine Brauereien oft nicht über die Filtermöglichkeiten verfügen, um ihr Bier so lange haltbar zu machen. Diese Anbieter kommen also nicht für den Vertrieb im LEH und GFGH in Frage.[179]
Durch die steigende Konzentration im Handel werden zunehmend überregionale Produkte angeboten, die die bestehenden oligopolistischen

[175]Vgl. o.V., Lebensmittelpraxis Nr. 4, 2000, S. 30.
[176]Vgl. Unternehmensberatung Weihenstephan, Studie „Handelsmarken im Aufwind ?", 2000, S. 26 u. S. 37.
[177]Vgl. o.V., Lebensmittel-Report Nr. 4, 2000, S. 67.
[178]Vgl. o.V., Lebensmittel-Report Nr. 4, 2000, S. 66.
[179]Pers. Auskunft Herr Hönig, Siemens AG ATD NG, 8.12.2000.

und monopolistischen Teilmärkte aufbrechen und neue Märkte schaffen. Gemeinsam ist den Absatzmittlern LEH, GAM und GFGH auch die moderne Computer und Scanner-Kassen-Technik, die heute in fast allen Geschäften zu finden sind. Diese Technik zeigt genau an, welches Produkt, wann, wie oft verkauft wurde und kann damit bei umsatzschwächeren Bieren, zur schnelleren Auslistung führen. Davon sind insbesondere Nischenprodukten betroffen, wodurch die Sortenvielfalt und die Produktpalette der Brauereien nachhaltig negativ beeinflußt werden können. Insbesondere Spezialitäten wie Bockbier, etc., die nur einen begrenzten Absatz aufweisen, fallen auf diese Weise aus dem Programm.

3.2.3.4. Sonstige Vertriebswege

Neue Techniken können aber auch eine Verbreiterung des Spektrums der Absatzwege bewirken. So ist z.B. E-commerce eine Möglichkeit für die Brauwirtschaft, ihre Produkte selbst über den Versand, einem größeren Publikum anzubieten. Immerhin soll nach Expertenmeinung in spätestens 10 Jahren 30 % des Lebensmittelumsatzes über den „virtuellen Ladentisch" gehen.[180] Diese Technik kann aber auch zu einem verschärften Wettbewerb führen, z.B. durch schnellere Vergleichbarkeit der Angebote. Denkbar wäre zum Beispiel eine „Internetauktion" durch Supermärkte, d.h. auf offene Bestellungen von Supermärkten im Netz können Hersteller und Großhändler online mit Angebote reagieren und der Supermarkt sucht sich den Anbieter mit dem besten Angebot heraus.[181]

Neben den technischen Möglichkeiten gibt es auch neue Absatzmittler nach klassischem Muster. Beispielsweise sind in diesem Zusammenhang die Tankstellen zu nennen, die 1997 schon 3,3 Mrd. DM, das entspricht einem

[180] Vgl. Behrends, C., Lebensmittel Praxis Nr. 1, 2000, S. 26.
[181] Vgl. Cordes, P., Brauwelt-Brevier, 1999, S. 26.

Drittel ihres Gesamtumsatzes, mit Nahrungsmitteln, Getränken und Tabak erzielten. Allein alkoholische Getränke bildeten einen Anteil am Umsatz von 659 Mio. DM.[182]

Diese neuen Absatzwege bei der anhaltenden Konzentration des Handels und den Absatzproblemen in der Gastronomie nicht ernst zu nehmen, wäre ein Fehler, bergen doch gerade sie ein heute noch ungeahntes Maß an Chancen, aber auch an Risiken, wenn die Zeichen der Zeit nicht erkannt werden.

[182]Vgl. o.V., Brauwelt Nr. 51/52, 1999, S. 2449.

3.2.4. Verschärfter Wettbewerb im Braugewerbe

3.2.4.1. Preisdruck als Folge von Überkapazitäten

Der verschärfte Wettbewerb äußert sich in vielfältiger Art und Weise. Zum einen ist ein verschärfter Verdrängungswettbewerb festzustellen. Ausdruck hiervon sind die zuvor geschilderten Preiszugeständnisse seitens der Brauereien. Möglich sind sie nur aufgrund der in der deutschen Brauwirtschaft bestehenden enormen Überkapazität, die vom Deutschen Brauerbund für das Jahr 1998 auf ein Viertel bis ein Drittel der Gesamtkapazität geschätzt wurde.[183] Die Gesamtkapazität läge demnach zwischen rund 150 und 170 Mio. hl. Wahrscheinlich kann die Überkapazität inzwischen sogar noch höher angesetzt werden. Im Jahre 1999 betrug beispielsweise die Kapazitätsauslastung der Brauerei Henninger nur noch 56%.[184]

Entstanden sind diese Überkapazitäten aus der schwachen Absatzentwicklung bei gleichzeitiger partieller Kapazitätserweiterung im Rahmen von Rationalisierungsmaßnahmen.[185] Beigetragen zu dieser Entwicklung haben aber auch die Kapazitätserweiterung der westdeutschen Brauereien, die erfolgten, um nach der Wiedervereinigung am Absatzboom in den neuen Bundesländern partizipieren zu können. Infolge des Eindringens westdeutscher Brauereien in die sich ihnen eröffnenden neuen Märkte, sank der Gesamtausstoß aller Brauereien in Berlin, Brandenburg, Mecklenburg-Vorpommern, Sachsen, Sachsen-Anhalt und Thüringen von 26,3 Mio. hl im Jahre 1989 innerhalb von nur 2 Jahre auf 10,5 Mio. hl. Selbst die ostdeutschen „Top-Marken" Wernesgrüner und Radeberger

[183] Vgl. Deutscher Brauer-Bund, Statistischer Bericht, 1998, S. 7.

[184] Vgl. Heiermann, M., Lebensmittel Praxis Nr. 21, 1999, S. 77.

[185] Vgl. Deutscher Brauer-Bund, Statistischer Bericht, 1998, S. 7; Kann, D. u.a., Bier für Dummies, 1998, S. 159.

mußten Absatzverluste zwischen zehn und zwanzig Prozent hinnehmen.[186] Mit der in den neuen Bundesländern einsetzenden Rückbesinnung auf die alten Marken und die zunehmenden Absatzgewinne von Marken wie Hasseröder, Köstritzer, Radeberger und anderen in den alten Bundesländern büßten die westdeutschen Brauereien enorm an Absatz ein und bauten somit gleichzeitig Überkapazitäten auf. Heute beträgt der Absatz aller ostdeutschen Brauereien 20,3 Mio. hl.[187]

Der Drang, die vorhandenen Kapazitäten auszunützen, um einen möglichst hohen Deckungsbeitrag zu erzielen, ist der eine Grund für die Zunahme von Preiszugeständnissen und der Produktion von „Billigbier".[188] Der andere Grund liegt in dem beständigen Streben nach einem Absatzplus um jeden Preis, da die Größe einer Brauerei heute noch immer nach ihrem Ausstoß in hl und nicht nach dem Umsatz bemessen wird. Und nach der Größe wiederum bemißt sich sehr häufig das Vorstandsgehalt. Auch die Marktanteile einer Brauerei werden an dem Ausstoßanteil am Gesamtausstoß gemessen. Große Marktanteile wiederum sind wichtig, um im Handel gelistet zu werden. Somit werden die Marktanteile oft teuer über Preiszugeständnisse erkauft. Deutlich wird dies, wenn Umsatzzahlen und Absatzzahlen einiger großer Brauereien verglichen werden. In den allermeisten Fällen stieg der Absatz prozentual deutlich stärker als der Umsatz. Dieser fiel sogar teilweise trotz gestiegenem Absatz. Beispielsweise nahm der Absatz der Holsten-Brauerei 1998 um 0,8% zu, während gleichzeitig der Umsatz um 0,1% fiel. Ein anderes Beispiel geben die Zahlen des Binding-Konzerns, bei dem der Absatz 1998 um 0,3% stieg und der Umsatz hingegen um 2,7% fiel. So sind Schlagzeilen, wie z.B. in der FAZ: „Holsten: Mehr Absatz, aber kein höherer Ertrag", keine Seltenheit.[189]

---

[186]Vgl. Herzog, A., Hopfenrundschau International, 1999, S. 11.

[187]Vgl. Kelch, K., Brauwelt Nr. 11, S. 409.

[188]Vgl. Lindner, R., FAZ Nr. 193, 21.8.1999, S. 24.

[189]Vgl. Helmer, W., FAZ Nr. 39, 16.2.1999, S. 21; Schnorbus, A., FAZ Nr. 95, 24.4.1999, S. 17; Lill, U., FAZ Nr. 127, 5.6.1999, S. 19; Schnorbus, A., FAZ Nr. 187, 14.8.1999, S. 15.

3.2.4.2. Steigende Werbeausgaben

Zu den Preisnachlässen und Preissenkungen kommen insbesondere bei den Premiumbieren steigende Marketingausgaben. So wuchsen die Werbeausgaben der deutschen Brauindustrie von 1995 bis 1999 jedes Jahr um 7,2%, obgleich sie nicht immer ein Absatzplus garantieren konnten. Beispielsweise erhöhte Warsteiner von 1997 auf 1998 die Werbeausgaben um 19%, der Absatz fiel aber um 8,9%.[190]

Dieses Vorgehen kann zu einer Art Gefangenendilemma für die großen Premiumbier-Brauereien führen. Sie versuchen durch immer höhere Werbeausgaben und Preiszugeständnisse, Marktanteile zu gewinnen. Nachdem aber die anderen Konkurrenten auch kräftig investieren, steigen die Ausgaben, ohne daß jeder einzelne höhere Erlöse erwirtschaftet. Vielmehr sinken die Erlöse und die Marktanteile bleiben bei allen gleich. Noch ist dieses Gefangenendilemma nur im Ansatz vorhanden und auf einige wenige Teilmärkte beschränkt, in denen die Premiumbiermarken bereits unter sich sind. Auf den meisten Märkten hingegen sind Marktanteilsgewinne insbesondere von den kleinen und mittleren Brauereien, die nicht bei den Werbeausgaben oder den Preiszugeständnissen mithalten können, noch möglich.

3.2.4.3. Neue Verpackungen

Um dem Preisdruck wenigstens etwas auszuweichen, setzten einige Betriebe verstärkt auf eine Differenzierung durch neue Gebinde.[191] Größtenteils werden die neuen Gebinde aber auch zur Verdrängung anderer

[190]Vgl. Berger, R., Brauwelt Nr, 49/50, 1999, S. 2354; Helmer, W., FAZ Nr. 34, 10.2.1999, S. 22.

[191]Vgl. Heiermann, M., Lebensmittel Praxis Nr. 5, 2000, S. 42.

Marktteilnehmer eingesetzt.[192] Das ist vor allem dann der Fall, wenn diese Gebinde zumindest von einem Teil der Mitwettbewerber aufgrund der hohen Kosten, die durch Spezialabfüllanlagen verursacht werden, nicht angeboten werden können. Zu nennen wäre hier beispielsweise die Bierdose, die aufgrund der hohen Abfüllkosten von vielen Brauern nicht angeboten werden kann,[193] zumindest nicht zu dem zur Zeit auf dem Markt herrschenden Preis (s. Kapitel 3.2.3.3.). Beispielsweise konnte die Holsten-Gruppe einen Großteil ihres sechsprozentigen Ausstoßzuwachses im Jahr 1999 (im Vergleich zu 1998) auf die Steigerung ihres Dosenbierabsatzes auf nunmehr 922.000 hl. zurückführen.[194]

Das neueste Einweggebinde auf dem Biermarkt stellt die Polyesterflasche dar. Karlsberg brachte in der zweiten Hälfte des Jahres 1999 erstmals die PET-Bierflasche auf den deutschen Markt. Der Vorteil dieser Flasche ist ihr geringes Gewicht und die Bruchsicherheit.[195] Innerhalb kürzester Zeit folgten Holsten und Bitburger, die nun ebenfalls Bier in PET-Flaschen anbieten. Ihre neuen Flaschen unterscheiden sich jedoch bereits durch ein Schraubgewinde und die Bitburger-Flasche außerdem durch eine breite Trinköffnung von der Karslberg-Flasche.[196] Andere große Bierproduzenten überlegen sich ebenfalls eine PET-Flasche auf den Markt zu bringen, werden doch von Branchenkennern der PET-/PEN-Flasche in einigen Jahren Marktanteile zwischen fünf und zehn Prozent vorausgesagt.[197]

Kritiker führen an, daß die Flaschen luftdurchlässig sind, was sich negativ auf den Geschmack und die Haltbarkeit des Bieres auswirke. Dies wäre durch PEN-Flaschen zu verhindern, die aber im Durchschnitt 60 bis 70 Pfennige pro Stück kosten und damit derzeit noch zu teuer sind.[198] Darüber hinaus sind die Kosten der Anlagetechnik und des Packmittels

---

[192]Vgl. Manger, H.-J., Brauerei-Forum Nr. 11, S. 316.

[193]Vgl. Goppel, T., Bayernkurier-Report, 26.4.1997, S. 19.

[194]Vgl. Kelch, K., Brauwelt Nr. 11, 2000, S. 409.

[195]Vgl. Hofmann, U., FAZ Nr. 30.9.1999, S. 28.

[196]Vgl. Kalinowski, A. B., Getränkefachgroßhandel Nr. 10, 2000, S. 623-624.

[197]Vgl. o.V., Brewing & Distilling International Nr. 10, 2000, S. 47.

[198]Vgl. Schaper, M., Drink Technology & Marketing Nr. 3, S. 24.

vergleichsweise hoch. Manger weist darauf hin, daß die Kosten für Abfüllanlagen für Kunststoffflaschen deutlich höher als die für Anlagen für Glasflaschen oder Dosen sind.[199] Ein weiterer Nachteil der neuen Flaschen ist die durch die sehr langsame Abfüllung geringe Abfüllkapazität pro Minute (im Gegensatz zu Glasflaschen erlauben die dünnen Flaschenwände der Kunststoffflaschen nicht das sonst übliche Abfüllen bei Unterdruck (sog. Vorspannen)).[200]
Trotz dieser Nachteile, die teilweise sicherlich bald durch den technischen Fortschritt beseitigt werden, denken, einer Umfrage zufolge, weit über die Hälfte aller deutschen Brauereien mit einem Ausstoß von mehr als 200.000 hl an eine Umstellung der Abfüllung auf PET-Flaschen. Die kleinen und mittleren Unternehmen hingegen lehnen diese Innovation mehrheitlich für ihre Betriebe ab.[201] Was die Zukunft bringen wird, hängt nicht zuletzt auch am Verbraucher. Ob von dem Erfolg der PET-Flasche im Limonaden- und Mineralwasserbereich auf die Akzeptanz der Biertrinker gegenüber der neuen Flasche geschlossen werden kann, bleibt fraglich. Zumindest für die kleinen Brauereien, die sich die Investition einer PET-Flaschenabfüllanlage nicht leisten können, kann die PET-Flasche zu einer echten Bedrohung werden (s. auch Kap. 3.2.3.3.).

3.2.4.4. Ausländische Konkurrenz

Für eine weitere Verschärfung des Wettbewerbs sorgen die ausländischen Biere, die teilweise bereits schon in PET-Flaschen auf dem deutschen Markt angeboten werden.[202] Obgleich ihr Anteil am Inlandsverbrauch bei

---

[199] Vgl. Manger, H.-J., Brauerei Forum Nr. 11, 2000, S. 316-317.
[200] Pers. Auskunft Herr Forster, Krones AG, 15.11.2000.
[201] Vgl. Fassold, W., Krones Magazin Nr. 4, 2000, S. 82-83.
[202] Vgl. Buch v., U., Getränke-Verpackung Sonderheft, 2000, S. 38.

nur 2,9% liegt,[203] werden sie über die Gastronomie schon seit einigen Jahren erfolgreich abgesetzt (vgl. Kapitel 3.2.3.1.). Zunehmender Beliebtheit erfreuen sich diese Produkte besonders bei den Jugendlichen. Das ist nicht verwunderlich, erfolgt doch eine erfolgreiche Vermarktung vor allem durch die Diskotheken.[204] Die Aufgeschlossenheit der Jugend machen sich einige ausländische Braukonzerne zu nutzen, indem sie mit eigenen Gastronomiekonzepten versuchen, den deutschen Markt zu erobern. So versucht beispielsweise die englische Brauereigruppe Bass, die zu Interbrew gehört, mit einer Kneipenkette „Alex“, die besonders die Generation der 18- bis 35-jährigen ansprechen soll und einer Gastronomiekette „Alex-Brasserie“ für die Zielgruppe der 25- bis 50-jährigen, ihr Bier emotional dem Endverbraucher nahezubringen und zu verkaufen. Die derzeit 19 „Alex“-Betriebe erwirtschafteten 1999 einen Gesamtumsatz von 40 Mio. DM. Weitere 40 Gaststätten sind bereits geplant.[205] Ebenso versucht die Brauereigruppe Scottish & Newcastle mit ihrem „Celtic Inn“ und dem „Highland-Pub“-Konzept, zunehmend in Deutschland Bier zu vertreiben.[206]

Andere wiederum setzten auf Kooperation wie beispielsweise Miller und Warsteiner seit August 2000. Warsteiner wurde mit 50% an der Vertriebsgesellschaft Miller Brands Germany beteiligt und verpflichtete sich, im Gegenzug Miller bei seinen insgesamt rund 34.000 Gastronomiepartnern mitzuvertreiben[207] Auch die tschechische Brauerei Budweiser Budvar hat sich deutsche Vertriebspartner gesucht. Zusammen mit drei deutschen Importeuren hat sie zum 1. Januar 2000 die Budweiser Budvar Vertriebsgesellschaft Deutschland mbH in Berlin gegründet. Diese soll das böhmische Bier hochpreisig für ca. fünf bis sechs DM über dem Preis des in Deutschland angebotenen Premiumbiers pro Kasten

[203]Vgl. Deutscher Brauer-Bund, Brauwirtschaft in Zahlen, 2000, S. 11.
[204]Vgl. Horn, M., Brauwelt Nr. 51/52, 1999, S. 2452.
[205]Vgl. Krauss, T., Brau Ring Magazin Nr. 17, 2000, S. 17.
[206]Vgl. o.V., Der Biergroßhandel Nr. 11, 2000, S. 29-30.
[207]Vgl. o.V., Brauerei-Journal Nr. 10, 2000, S. 415.

vertreiben.[208] Wieder andere ausländische Unternehmen lassen ihr Bier in Deutschland in Lizenz brauen, wie z.B. Forster von Holsten in Hamburg[209] oder brauen ihr Bier in Deutschland nach Übernahme einer deutschen Brauerei selbst. Beispiel dafür wäre die Tuborg/Carlsberg-Gruppe die 1987 die Hannen Brauerei GmbH in Mönchengladbach gekauft hat.[210]
Diese Aktivitäten von internationalen Brauereien innerhalb Deutschlands wurden mit dem Urteil des Europäischen Gerichtshofes vom 12.3.1987, nach dem auch die Einfuhr und der Verkauf von nicht nach dem Reinheitsgebot gebrautem Bier in Deutschland erlaubt ist, schon lange erwartet. Die Richter machten in ihrem Urteil auch deutlich, daß sich das Urteil nur auf die Einfuhr von nicht dem deutschen Reinheitsgebot entsprechend gebrauten Bier beziehe und das Reinheitsgebot für in Deutschland hergestelltes Bier weiterhin gilt.[211] Trotz des Urteils stellen die meisten ausländischen Brauereien ihr Bier für den deutschen Markt nach dem Reinheitsgebot her.[212]
Die niedrigen Bierpreise, die jahrelang zusammen mit der hohen Brauereidichte in Deutschland als Markteintrittsbarrieren für ausländische Unternehmen galten, sind durch das inzwischen erworbene Spezialitätenimage, für das der Verbraucher bereit ist, mehr zu zahlen, überwunden. So lagen die Abverkaufspreise im Durchschnitt 20% über denen der deutschen Marken.[213] Huber sieht durch den Preisverfall der deutschen Premiumbiere eher eine „Ermunterung" an ausländische Brauereien, ihre Produkte hochpreisig als „Superpremium-Biere" über den deutschen Markenbieren zu positionieren.[214] Dazu kommt die leichtere

[208]Vgl. o.V., Lebensmittel Praxis Nr. 21, 1999, S. 78.

[209]Vgl. Baumann H., WELT Bier-Report Heft 124, 1993, S. 8; Kann, D. u.a., Bier für Dummies, 1998, S. 244.

[210]Vgl. o.V., Dynamik im Handel Nr. 8, 2000, S. 67.

[211]Vgl. Kuhl, V., Bier-Marketing, 1990, S. 23-27 u. S. 238-241; Ebbertz, L., Konzentration im Braugewerbe, 1992, S. 632-659.

[212]Vgl. Kann, D. u.a., Bier für Dummies, 1998, S. 244.

[213]Vgl. Horn, M., Brauwelt Nr. 51/52, 1999, S. 2450.

[214]Vgl. Huber, H. W., Brauwelt Nr. 24/25, 1999, S. 1106.

Distribution von ausländischem Bier durch die zunehmende Konzentration im Handel (s. Kapitel 3.2.3.3.). Kann u.a. führt als zusätzliches Argument an, es herrsche ein harter Konkurrenzkampf um den Titel „am meisten nach Deutschland importiertes Bier", was so Kann u.a. weiter, „weltweit mit einer hohen Qualität verbunden wird und werbewirksam vermarktet werde".[215] Auch Berger befürchtet ein verstärktes Drängen internationaler Brauereien auf den Deutschen Markt.[216]

Zu den gesteigerten Importbemühungen ausländischer Konkurrenz könnten auch verstärkt Übernahmen deutscher Brauereien durch internationale Konzerne stattfinden.[217] Daß dies nicht unrealistisch ist, zeigt die Übernahme der Marken- und Vertriebsrechte der Düsseldorfer Altbiermarke Gatz der Privatbrauerei Gebrüder Gatzweiler zum 1. Juli 1999 durch die Hannen/Tuborg Brauerei, die zu der dänischen Tuborg/Carlsberg-Gruppe gehört.[218] Zum Jahresende 2000 wurde von Fachleuten über einen Verkauf des 900.000 hl starken Kölner-Verbundes von Brau und Brunnen an Carlsberg/Tuborg spekuliert.[219] Auch die Dynamik der internationalen Konzentration der großen Braukonzerne ist ein Indiz für diese möglichen Übernahmen deutscher Brauereien durch ausländische Konzerne. Die belgische Interbrew-Gruppe ist im Jahre 2000 mit der Übernahme der britischen Bass-Gruppe und der britischen Whitbread-Gruppe zum weltweit zweitgrößten Brauereiproduzenten, nach dem amerikanischen Konzern Anheuser Busch, aufgestiegen. Bemerkenswert ist, daß sich Interbrew erst seit Ende der achtziger Jahre durch verschiedene weltweite Akquisitionen zu einem der größten Bierproduzenten mit inzwischen weltweit 59 Brauereien entwickelt hat. Nach eigenen Angaben ist Interbrew auf allen europäischen Märkten vertreten, lediglich in Deutschland verfügt der Konzern bisher noch nicht

[215]Zit. Kann, D. u.a., Bier für Dummies, 1998, S. 244.
[216]Vgl. Berger, R., Brauwelt Nr. 49/50, 1999, S. 2354.
[217]Vgl. Ebbertz, L., Konzentration im Braugewerbe, 1992, S. 633.
[218]Vgl. Koch, B., FAZ Nr. 104, S. 24.
[219] Vgl. Brau und Brunnen soll zerschlagen werden, www.infodienst.de, 22.12.2000.

über nennenswerte Marktanteile.[220] Der in Deutschland schon aktive dänische Tuborg/Carlsberg-Konzern hat zum 1. Juli 2000 mit dem besonders in Rußland und Osteuropa vertretenen norwegischen Konzern Orkla fusioniert.[221] Darüber hinaus hat der dänische Konzern alle Getränkeaktivitäten der schweizer Feldschlösschen-Hürlimann Holding erworben und versucht nun, nach eigenen Angaben, von der Schweiz aus neue Märkte zu erschließen, wovon insbesondere auch Baden-Württemberg betroffen ist.[222] Weiterhin hat die südafrikanische Brauerei-Gruppe SAB im Jahr 2000 die tschechische Pilsner Urquell-Brauerei gekauft.[223] Ende des Jahres 2000 kam zusätzlich die Spekulation auf, daß Interbrew und SAB fusionieren wollten.[224] Tabelle 10 zeigt deutlich die Größe der internationalen Konzerne.

Tabelle 10: Ausstoß der größten internationalen Brauerei-Gruppen 1999.[225]

Brauereigruppe / Land	Ausstoß in Mio. hl	Anteil am weltweiten Ausstoß in %
Anheuser-Busch / USA	158,0	12,0
Interbrew / Belgien	97,1	7,4
Heineken / Niederlande	72,0	5,5
Ambev / Brasilien	56,0	4,3
SAB / Südafrika	53,0	4,0
Miller / USA	53,0	4,0
Carlsberg / Dänemark	44,0	3,4
Scottish & Newcastle / GB	36,0	2,7
Asahi / Japan	35,0	2,7
Kirin / Japan	32,0	2,4

Quelle: o.V.: Brauwelt International Nr. 5, 2000, S. 334.

[220]Vgl. Foote, A., Beverage World International Nr. 5, 2000, S. 17-25; Nelson, L., Brewers' Guardian Nr. 10, S. 16-20.
[221]Vgl. Verstl, I., Brauwelt International Nr. 5, 2000, S. 350-354.
[222]Vgl. Lang, D., Getränkezeitung Heft 23, 2000, S. 2.
[223]Vgl. Pilsner Urquell mit rasanter Entwicklung, www.infodienst.de, 22.12.2000.
[224]Vgl. Fusioniert Interbrew mit SAB?, www.infodienst.de, 22.12.2000.
[225]Stand Oktober 2000, d.h. Fusionen bis zu diesem Zeitpunkt wurden berücksichtigt.

Die Marktmacht, die hinter einem aggressiven Markteintritt der großen internationalen Brauerei-Konzerne stecken würde, wird deutlich, wenn der Ausstoß der drei größten Brauerei-Gruppen mit dem Ausstoß aller deutschen Brauereien verglichen wird. Allein Anheuser-Busch produziert in seinen Braustätten mehr als alle deutschen Brauereien zusammen. Die drei größten Konzerne weltweit produzieren zusammen knapp dreimal soviel Bier wie in Deutschland jährlich hergestellt wird. Die größte Deutsche Brauerei-Gruppe, der Holsten-Konzern, produziert in etwa 9,5 Mio. hl. im Jahr.[226] Werden diese Größenunterschiede bedacht, dann wird deutlich, welche enorme Kapitalkraft hinter solchen Konzernen steht. Insbesondere für die größeren und mittleren Brauereien ist der Markteintritt der ausländischen Konzerne eine ernsthafte Bedrohung.

Angesichts der Fusionswelle kann es nur eine Frage der Zeit sein, bis der erste große Braukonzern massiv in den deutschen Biermarkt eingreift. Dieser massive Markteintritt ist in Anbetracht der Tatsache, daß sich fünf der weltweit zehn größten Brauerei-Gruppen in direkter Nachbarschaft zu Deutschland befinden bzw. positioniert haben und der deutsche Biermarkt, den drittgrößten Absatzmarkt weltweit darstellt (siehe Kapitel 2), mit hoher Wahrscheinlichkeit zu erwarten.

Die ausländischen Konkurrenten werden sich diese Chance nicht noch viel länger entgehen lassen, zumal der Konzentrationsprozeß in Deutschland weiter voranschreitet und damit eine Expansion nach Deutschland erleichtert wird. Da der Import aufgrund des Eigengewichts von Bier relativ teuer ist, werden nach heutigen Erkenntnissen Übernahmen immer wahrscheinlicher. Diese Gefahr ist insbesondere dann gegeben, wenn von einer Marke ein gewisses Absatzvolumen erreicht wird.

[226]Vgl. Viganò, L., The Worl of Beer Nr. 28, 2000, S. 48-49.

3.2.4.5. Unternehmenszusammenschlüsse

Ausdruck des harten Wettbewerbs in Deutschland sind aber auch die Übernahmen und Fusionen innerhalb der deutschen Brauindustrie. Beispielsweise sei erinnert an die geplante Fusion der Schörghuber-Gruppe mit Brau und Brunnen, womit die beide Gruppen zur größten Getränke und Brau Gruppe Deutschlands geworden wären. Dieser Zusammenschluß wurde jedoch wegen finanzieller Schwierigkeiten der Brau und Brunnen-Gruppe von der Schörghuber-Gruppe im September 2000 abgesagt.[227]
Fusioniert haben hingegen bereits im September 1997 Löwenbräu mit der Spaten-Franziskaner-Brauerei München, deren Abfüllung auch prompt zusammengelegt wurde.[228] Auch der Holsten-Konzern hat erst in den letzten Jahren seine heutige Größe durch Übernahmen und Beteiligungen erreicht. Im Dezember 1998 übernahm er seinen lokalen Konkurrenten, die Bavaria St. Pauli Brauerei.[229] Im August 1999 folgte eine als strategische Allianz bezeichnete 27,2% Beteiligung an der Licher Brauerei mit der Option einer späteren Mehrheitsbeteiligung.[230] Zum 1. Februar 2000, erwarb die Holsten-Gruppe dann 75% der König Brauerei Duisburg, was Anlaß zu Spekulationen über einen möglichen ausländischen Interessenten hinter Holsten gab.[231]
Daß dies noch nicht das Ende einer Fusionswelle war, ist zu erwarten. So hat Karlsberg angekündigt, künftig an dem Erwerb von weiteren „Marken" interessiert zu sein.[232] Ebenso bekundet die Dom-Brauerei AG nachdem sie die Metzmacher Brauerei und eine 80% Beteiligung an der Giesler Brauerei erworben hat, ein starkes Interesse an weiteren Akquisitionen.[233]

---

[227] Vgl. o.V., Deutsche Getränke Wirtschaft Nr. 10, 2000, S. 15.
[228] Vgl. Forster, F., Krones Magazin Nr. 4, 2000, S. 67; Forster, F., Brauindustrie Nr. 1, 2001, S. 14.
[229] Vgl. Schnorbus, A., FAZ Nr. 32, 8.2.1999, S. 22.
[230] Vgl. Lindner, R., FAZ Nr. 24, 21.8.1999, S. 24.
[231] Vgl. o.V. Lebensmittel-Report Nr. 4, 2000, S. 66.
[232] Vgl. o.V., Die Privatbrauerei Nr. 11/12, 2000, S. 391.
[233] Vgl. Busch, M., Deutsche Getränke Wirtschaft Nr. 9, 2000, S. 20-21.

Die Fusionen der ausländischen Brauerei-Konzerne und die Fusionen und Allianzen der inländischen Brauerei-Gruppen sprechen für eine weitere Verschärfung des Wettbewerbs auf dem deutschen Markt, denn nur, wenn der Wettbewerb sehr hart ist, können sich Unternehmen zur Aufgabe oder zum Verkauf gezwungen sehen. Somit trifft der verschärfte Wettbewerb alle Brauereien, jeglicher Größenklasse, insbesondere die großen überregionalen Brauereien.

3.2.5. Veränderungen im rechtlichen Umfeld

Eine Fülle rechtlicher Aspekte beeinflußt die Wettbwerbssituation, das Konsumentenverhalten und damit die Entwicklung der Brauwirtschaft. Sie alle aufzuzählen ist, ob der Vielfalt an rechtlichen Vorschriften und Verordnungen, im Rahmen dieser Arbeit kaum möglich. Dennoch haben und werden eine Reihe von Gesetzen einschneidende Veränderungen in der deutschen Brauwirtschaft hervorrufen.

Besonders die Umweltgesetzgebung wurde und wird nach Ansicht der Branchenkenner weiter verschärft.[234]
Eines dieser Gesetze war die im Jahr 2000 sehr kontrovers diskutierte Verpackungsverordnung von 1991. Diese Verordnung sah ein Zwangspfand auf Einwegverpackungen bei Unterschreitung einer Mehrwegquote, die mit 72 % starr festgelegt worden war, vor.[235] Daß dies auch für die Brauwirtschaft Folgen hatte, wurde bereits kurz erläutert (s. Kapitel 3.2.3.). Insbesondere kleine Brauereien, die nicht in der finanziellen Lage sind, sich eine neue Abfüllanlage zu kaufen oder bei denen eine Abfüllung in Dosen aufgrund der vergleichsweise kleinen Chargen ökonomisch nicht sinnvoll wäre, forderten verstärkt die Durchsetzung der Verpackungsordnung.[236] Große Brauereien, die viel in Mehrwegsysteme investiert haben, wollen hingegen ein Zwangspfand auf Einweggebinde vermeiden. Letztendlich werden, wie bereits erläutert, die Kosten doch auf die Brauereien abgewälzt werden. Die Entwicklung bleibt aber abzuwarten, da eine endgültige Entscheidung erst im Jahr 2001 fällig wird.
Eine überraschende Wende könnte es geben, wenn wie verkündet wurde, die Europäische Union eine eigene Mehrwegquote planen und vor allem

[234]Pers. Auskunft Herr Hönig, Siemens AG ATD NG, 8.12.2000.
[235]Vgl. o.V., Getränke-Verpackung Sonderheft, 2000, S. 9.
[236]Vgl. o.V., Die Privatbrauerei Nr. 11/12, 2000, S. 390.

rechtzeitig in geltendes Recht umsetzten würde. Schon jetzt hat die Europäische Kommission die Bundesregierung abgemahnt, da sie in dem „Zwangspfand eine unfaire Behinderung von Abfüllern im Ausland" sieht.[237] Da in den anderen Mitgliedsstaaten der EU relativ viel in Einwegverpackungen abgefüllt und in vielen Länder Mehrwegsysteme noch nicht etabliert sind, würde eine solche Mehrwegquote wahrscheinlich wesentlich niedriger ausfallen. Damit würde in Deutschland alles nach dem bisherigem System weiterlaufen, denn die Wahrscheinlichkeit, daß Deutschland die Mehrwegquote erfüllt, ist als sehr hoch einzuschätzen. Ebenso bleibt abzuwarten, ob der Vorstoß der Europäischen Kommission Erfolg hat. Eine abschließende verbindliche Aussage in dieser Entwicklung ist aufgrund der vielen unsicheren Faktoren nicht möglich. Festzuhalten gilt jedoch, daß von der Entscheidung und Ausgestaltung eines Zwangspfandes die deutschen Brauer in jedem Fall betroffen sind.

Neben anderen gesetzlichen Richtlinien, wie Ökosteuer,[238] Bundesimmissionsschutzgesetz[239] sind vor allem die seit einiger Zeit verschärften Bestimmungen zur Abfall- und Abwasserentsorgung für die Brauer von Bedeutung. Insbesondere die seit einiger Zeit kontinuierlich steigenden Abwassergebühren gestalten sich zunehmend zu einem nicht mehr vernachlässigbaren Kostenfaktor für die Brauindustrie, da sie durch einen relativ hohen Wasserverbrauch gekennzeichnet ist und häufig als „Vielverschmutzer" eingestuft wird. Einige Brauereien klären ihr Wasser deshalb vor oder haben bereits eine eigene Kläranlage. Als weiteres Beispiel ist die Entsorgung der Kieselgurfilter zu nennen, die als Sondermüll zu behandeln sind und deren Entsorgungskosten sich ständig erhöhen.[240] Von dieser Problematik sind alle Betriebe betroffen und es gilt

---

[237] Vgl. o.V., Brauerei-Journal Nr. 11, 2000, S. 457.

[238] Vgl. Marx, G., Der Biergroßhandel Nr. 11, 2000, S. 5.

[239] Vgl. Goebel, L., Die Privatbrauerei Nr. 10, 2000, S. 360.

[240] Vgl. Dilly, P., Qualitätssicherung, 1990, S. 141-142; o.V., Brau Ring Magazin Nr. 17, 2000, S. 12; Pers. Auskunft Herr Hönig, Siemens AG ATD NG, 8.12.2000.

die Entsorgungskosten, ob für Abwasser oder Kieselgur möglichst gering zu halten. Hier sind umweltfreundliche Lösungen wie z.B. andere Filtersysteme oder eigene Klärbecken gefragt.

Eine dritte Veränderung im rechtlichen Umfeld, die starke Auswirkung auf die Brauwirtschaft hat, stellt die 1998 vollzogene Senkung des im Kraftfahrzeugverkehrs erlaubten Blutalkoholwerts von 0,8 auf 0,5 Promille dar. Diese Neuregelung der Promillegrenze, nach der ab 0,8 Promille der Führerscheinentzug droht (sog. Zweistufenregelung), führte zu einer großen Verunsicherung der Bevölkerung und in der Gastronomie zu einer erheblichen Reduktion des Bierkonsums.[241] Experten schätzten den Absatzrückgang an Bier in der Gastronomie auf zwischen 8% - 25% ein.[242] Der wirkliche Absatzverlust ist jedoch schwer festzustellen, da mit großer Wahrscheinlichkeit gleichzeitig noch weitere Faktoren zur Senkung des Absatzvolumens beitrugen (z.B. die verstärkt aufkommenden Alcopops). Die Kausalität, d.h. das Bestehen eines Ursache-Wirkung-Zusammenhangs ist jedoch nicht anzuzweifeln. Aus diesem Grund war der Vorschlag des damaligen Bundesverkehrsministers Klimmt, ein generelles Fahrverbot bereits ab 0,5 Promille zu verhängen,[243] ein großer Schock für die Branche. Sollte dieser Vorschlag umgesetzt werden bzw. sollte sich die Promillegrenze weiter nach unten verschieben, so wären von dieser Entwicklung alle Hersteller alkoholischer Getränke betroffen. Insbesondere die Gasthausbrauereien außerhalb von Städten, die auf „motorisierte" Gäste angewiesen sind, würden mit weiteren Einbußen rechnen müssen. Dies gilt z.B. auch für viele kleine oberfränkische Kleinbrauereien mit Gastwirtschaft, die auf Ausflugsgäste angewiesen sind.

[241]Vgl. Bayerischer Brauerbund, Geschäftsbericht, 1999, S. 40.
[242]Pers. Auskunft Herr Dir. Mayer, Würzburger Hofbräu, 18.12.2000.
[243]Vgl. DPA, Mittelbayerische Zeitung Nr. 135, 14.6.2000, S. 1.

Desweiteren ist die Diskussion eines generelles Werbeverbots für Alkohol seit Jahren aktuell.[244] Diese Entwicklung würde für die Brauindustrie zum einen eine strukturerhaltende Wirkung haben, zum anderen hätten Marktneulinge, neue Sorten und vor allem Produktinnovationen nur noch geringe Chancen beim Verbraucher bekannt und damit angenommen zu werden. Dies würde einerseits das Absatzwachstum sowohl der gesamten Branche als auch der einzelnen Betriebe sehr erschweren, andererseits hätten deutsche und ausländische potentielle Konkurrenten eine geringere Chance, in gewachsene Marktstrukturen einzudringen. Insgesamt gesehen würde aber ein Werbeverbot für Bier wahrscheinlich eher schaden als nutzen, da es nicht mit einer marktwirtschaftlich konformen Lösung einhergehen könnte. Auch diese Entwicklung bleibt abzuwarten.

Eine Änderung oder vollständige Steuerharmonisierung der Biersteuer innerhalb der EU-Mitgliedsstaaten, ist nach der Reform von 1993 in absehbarer Zeit nicht zu erwarten. Die jetzige Regelung gleicht durch ihre Mengenstaffelung die Nachteile der kleineren Brauereien bezüglich der Produktivität und der Kapitalkraft etwas aus.[245] Für die Euro-Umstellung sieht nach Angaben des Geschäftsführers des Deutschen Brauerbundes der Verband keinen Handlungsbedarf mehr. Checklisten an die Betriebe würden größere Probleme vermeiden helfen und die Vorschläge für die neuen Pfandsätze in Euro seien auch den Betrieben mitgeteilt worden.[246] Es ist nicht zu erwarten, daß die Brauwirtschaft mit der Einführung des Euro mehr belastet wird als andere Unternehmen. Die neuen Pfandsätze werden wahrscheinlich etwas niedriger liegen, um „runde“ Euro-Beträge zu erhalten.

---

[244]Vgl. Kann, D. u.a., Bier für Dummies, 1998, S. 116; Heiermann, M., Lebensmittel Praxis Nr. 2, 2000, S. 45; o.V., Brauindustrie Nr. 1, 2001, S. 9.

[245]Vgl. Deutscher Brauer-Bund, Statistischer Bericht, 1998, S. 15-17.

[246]Vgl. o.V., Brauwelt Nr. 11, 2000, S. 398.

Auch die Rahmenbedingungen für Bierlieferverträge wurden seit den Rechtsprechungen in den siebziger und achtziger Jahren, die sich mit den erlaubten Bindungsfristen und der Anpassung an das EU-Recht beschäftigten, nicht mehr verändert.[247]

[247]Vgl. Ebbertz, L., Konzentration im Braugewerbe, 1992, S. 248-255; Stauder, T., Qualitätsmanagement, 1995, S. 21-22.

3.2.6. Produktionskosten

3.2.6.1. Rohstoffkosten

Die Rohstoffkosten umfassen – leicht vereinfacht, aber mit hinreichender Genauigkeit – die Kosten für den Hopfen- und Malzeinsatz. Die Brauerei ist somit von den Rohstoffpreisen für Hopfen und Malz abhängig. Große Verteuerungen oder Preisschwankungen könnten deshalb ein Problem sein. In verschiedenen Berichten werden auch unisono die erhöhten Rohstoffpreise als ein Grund für die gesunkenen Erträge in der Brauindustrie angegeben.[248] Beispielsweise im Brauerei-Branchenbericht der IKB Deutsche Industriebank AG ist zu lesen: „Durch einen teilweise kräftigen Anstieg im Materialeinsatz konnte das Niveau der Rohertragsquote ... nicht gehalten werden. ... verursacht wurde dieser Trend zum einen durch *Rohstoffpreiserhöhungen...*".[249]
Deshalb soll an dieser Stelle die Preisentwicklung der Rohstoffe über die letzten Jahre hinweg untersucht werden.

Obwohl der Preis bei Hopfen von Sorte zu Sorte sehr unterschiedlich sein kann, reichen bei einer Betrachtung die Durchschnittspreise aus, um allgemeine Tendenzen ableiten zu können. Die Preisunterschiede für die Sorten sind durchaus vernachlässigbar, ist doch davon auszugehen, daß ein Brauer immer Hopfen gleicher Sorte und Güte kauft um Geschmacksschwankungen seines Bieres zu vermeiden. Wird die Preisentwicklung von Hopfen betrachtet (s. Tabelle 11), so fällt auf, daß nur der Preis für Freihopfen größere Schwankungen zeigt. Der Vertragspreis weist nur geringe Veränderungen mit in den letzten Jahren sogar fallender Tendenz auf.

---

[248]Vgl. Will, K., Brauwelt Nr. 45, 2000, S. 1963.
[249]Vgl. IKB, Branchenbericht Brauereien, 1998, S. 5.

Tabelle 11: Durchschnittspreise und Erntemengen von Hopfen.

Jahr	Ernte insgesamt in Ztr.	Durchschnitts-VP in DM je Ztr.	Durchschnitts-FP in DM je Ztr.	Gesamtdurch-schnitts-Preis in DM je Ztr.	Vertrags-menge in Ztr.	Freihopfen-menge in Ztr.
1978	605.430	300,00	300,00	300,00	484.043	121.387
1979	620.299	325,00	553,00	361,00	520.766	99.533
1980	538.307	344,00	1.385,00	411,00	503.574	34.733
1981	673.253	377,00	606,00	423,00	539.650	133.603
1982	844.326	396,00	167,00	318,00	555.746	288.580
1983	736.383	405,00	210,00	361,00	568.808	167.575
1984	710.322	409,00	191,00	368,00	576.020	134.302
1985	712.502	401,00	245,00	373,00	583.893	128.609
1986	679.772	410,00	151,00	345,00	510.960	168.812
1987	620.736	405,00	301,00	381,00	476.705	144.031
1988	591.591	398,00	378,00	394,00	486.085	105.506
1989	638.782	387,00	326,00	320,00	494.447	144.335
1990	549.130	384,00	1.190,00	466,00	493.413	55.717
1991	727.891	375,00	391,00	380,00	518.656	209.235
1992	574.500	367,00	382,00	369,00	483.695	90.805
1993	848.556	370,00	124,00	263,00	481.533	367.023
1994	568.686	367,00	283,00	348,00	437.568	313.118
1995	681.081	371,00	263,00	350,00	550.122	130.959
1996	766.070	372,00	184,00	315,00	531.977	234.093
1997	681.035	370,00	120,00	297,00	481.715	199.320
1998	617.181	364,00	167,00	308,00	441.775	175.406
1999	558.247	342,00	309,00	333,00	410.480	147.767

Quelle: Pers. Auskunft: Herr Dr. Bickert (DLG Frankfurt) am 26.12.2000.

Nach Angaben des Verbands Deutscher Hopfenbauer, wird aber nur rund 70% einer Ernte zum Vertragspreis verkauft, der auf der Basis von mehrjährigen Vorkontrakten besteht.[250] Schließt eine Brauerei keine langjährigen Vorverträge ab, so erhält sie den Hopfen nur zum Freihopfenpreis. In diesem Fall ist sie aufgrund naturbedingter Ernteertragsschwankungen einer höheren Varianz der Preise ausgesetzt. Im langjährigen Vergleich muß jedoch festgestellt werden, daß der gewogene

[250]Vgl. Verband Deutscher Hopfenbauer, Pressemitteilung, 15.-17.11.2000.

Durchschnittspreis für Freihopfen annähernd dem durchschnittlichen festen Vertragspreis entspricht. Somit ist für beide Preise festzustellen, daß sie unter Berücksichtigung naturbedingter Schwankungen für die letzten Jahren eine fallende Tendenz aufweisen und somit zumindest für Hopfen keine Rohstoffpreiserhöhung zu erkennen ist. Empfehlenswert ist dennoch eine feste Vertragsbindung, um langjährig kalkulieren zu können und evtl. Preisschwankungen, die wie in den Jahren 1980 und 1990 dennoch sehr hoch sein können, zu vermeiden.

Der Malzeinstandspreis richtet sich nach den Getreidepreisen. Durch langjährige Vorverträge ist der Malzpreis, ebenso wie der Getreidepreis, zum überwiegenden Teil fest gebunden und nur ein sehr geringer Anteil ist im Freiverkauf erhältlich.[251] Tabelle 12 zeigt deutlich, daß seit Jahren auch unter Berücksichtigung erntemengenbedingter Schwankungen der Braugerstenpreis gefallen ist und damit folglich auch der Malzpreis.

Tabelle 12: Braugerstenpreise Deutschland.

Jahr	Preisspanne in DM/dt
89/90	40-44
90/91	37-40
91/92	36-39
92/93	35-38
93/94	29-31
94/95	28-36
95/96	32-35
96/97	26,5-31
97/98	24-25
98/99	24,5-25
99/00	24-32

Quelle: Pers. Auskunft: Herr Dr. Bickert (DLG Frankfurt), 26.12.2000.

[251] Vgl. Ebbertz, L., Konzentration im Braugewerbe, 1992, S. 308-309.

Somit kann in der Vergangenheit nicht von Ertragsschmälerung aufgrund steigender Rohstoffpreise die Rede sein. Der umgekehrte Fall liegt vor: Die Rohstoffpreise sind in verstärktem Maße gefallen. Da die Preise größtenteils über langfristige Kontrakte abgesichert sind, sind auch für die Zukunft keine anziehenden Preise zu erwarten. Allenfalls im Freiverkauf könnten die Preise erheblich steigen. Diese Risiko ist aber für Brauereien aller Betriebsgrößenklassen durch langfristige feste Kontrakte vermeidbar.

3.2.6.2. Personal- und Energiekosten

Obgleich der Bierpreis seit Jahren relativ konstant ist, haben sich die Personalkosten und Energiekosten sehr verändert. Durch die Liberalisierung des Strommarktes könnten die meisten Brauereien durch Bündelung der Stromnachfrage eine deutliche Senkung ihrer Strombezugskosten erzielen.[252] Heizöl und Gaskosten sind nach kleineren Senkungen erst in jüngster Zeit gestiegen.

Die Personalkosten hingegen sind nach den Materialkosten (Roh-, Hilfs- und Betriebsstoffe) die zweitwichtigste Kostenart bei der Bierherstellung. Im Durchschnitt verursachen die Personalkosten einen Anteil von 20% der Gesamtkosten.[253] Ausschlaggebend sind hier vor allem die tariflichen Ecklöhne. Diese haben sich seit 1980 in allen alten Bundesländern mehr als verdoppelt. Allein seit 1990 sind die tariflichen Ecklöhne in einzelnen Bundesländern zum Teil um fast 50% gestiegen.[254] Insbesondere kleinere und mittlere Betriebe haben bedingt durch ihre Größe, aber auch durch ihre häufig sehr hohe Sortenvielfalt und ihre tendenziell ungünstigere Kostenstruktur, eine geringere Produktivität und damit höhere

[252]Vgl. Bayerischer Brauerbund, Geschäftsbericht. 1999, S. 68.

[253]Vgl. Deutscher Brauer-Bund, Statistischer Bericht, 1998, S. 19.

[254]Vgl. Deutscher Brauer-Bund, Statistischer Bericht, 1998, S. 138-139; Bayerischer Brauerbund, Geschäftsbericht. 1999, S. 74.

Personalkosten pro Hektoliter.[255] Aus diesem Grund treffen die Tariferhöhungen die kleinen und mittleren Betriebe sehr viel härter als die großen Brauereien, vorausgesetzt es gibt tarifpflichtige Angestellte. Dies ist bei kleinen Familienbetrieben nicht immer der Fall.

[255] Vgl. Bayerischer Brauerbund, Geschäftsbericht. 1999, S. 49.

3.2.7. Managementfehler und innerbetriebliche Probleme

Nicht nur die äußeren Umwelteinflüsse haben Auswirkungen auf den Erfolg eines Unternehmens, sondern auch die „selbstgemachten" Probleme, die Fehler aus Unwissenheit oder Unaufmerksamkeit und zahlreiche in der Betriebsstruktur liegende Gründe können für Marktschwierigkeiten (mit-) verantwortlich sein. Auch an dieser Stelle können nur einige Probleme exemplarisch angesprochen werden, obgleich es eine Vielzahl weiterer Schwierigkeiten gibt.

Ein allgemeines Problem sind die hohen Transportkosten für Bier. Sie liegen zum einen darin begründet, daß Bier ein Produkt ist, das im Verhältnis zu seinem Gewicht nur einen geringen Wert besitzt. Dieses ohnehin ungünstige Verhältnis wird dadurch zusätzlich verschlechtert, daß dem Biergewicht auch noch das hohe Verpackungsgewicht zuzurechnen ist. Zum anderen entfällt der mit Abstand größte Teil der Transportkosten mit über 70% auf das Personal.[256] Da es sich hierbei häufig um Fahrer und Beifahrer handelt, sind hier auch nur durch optimale Streckenplanungen Rationalisierungsmöglichkeiten in geringem Umfang gegeben.[257] Ein zusätzlicher Transportaufwand entsteht bei Einsatz von Mehrweggebinden, durch den anfallenden Rücktransport. Dies ist für kleinere Brauereien, die ihre Erzeugnisse nur im Umkreis von 50 km absetzen ein weitaus geringeres Problem als für große Betriebe, da die Transportkosten mit dem LKW überproportional mit der Entfernung steigen.[258] Es existiert also aus transportkostenbedingten Gründen eine wirtschaftliche Entfernungsgrenze. Zu beachten ist, daß es transportmittelbezogene Kostenunterschiede und damit unterschiedliche andere wirtschaftliche Grenzen gibt. So weist der Bayerische Brauerbund darauf hin, daß der Biertransport auf dem Landweg

[256]Vgl. Lück, W., Logistik, 1992, S. 164.
[257]Vgl. Ebbertz, L., Konzentration im Braugewerbe, 1992, S. 420-421.
[258]Vgl. Brunken, A., Wettbewerbsstrategien, 1991, S. 128.

von München nach Hamburg teurer ist als der von Hamburg nach Tokio per Schiff.[259] Nicht nur die Entfernung ist entscheidend, sondern auch das Gebinde hat einen wesentlichen Einfluß auf die Transportkosten. Da beispielsweise die Transportkosten je hl Flaschenbier wesentlich höher sind als die Transportkosten je hl Faßbier,[260] werden durch die verringerte Nachfrage nach Faßbier und den Trend hin zum Flaschenbier die Transportkosten zusätzlich erhöht. Darüber hinaus kann es ratsam sein, externe Logistikbetriebe (z.B. Spedition oder Getränkefachgroßhändler) mit dem Transport zu beauftragen.[261]Obgleich die Transportkosten einen nicht zu unterschätzenden Einfluß auf die Erlössituation haben, gibt es immer noch sehr viele Brauereien, selbst große Unternehmen, die keine Transportkostenrechnung durchführen.[262] Darüber hinaus wird der Optimierung der Tourenplanung insgesamt zu wenig und von kleinen Brauereien häufig gar keine Bedeutung geschenkt.[263]

Generell ist in der Brauwirtschaft noch immer ein Nachholbedarf festzustellen, was die Anwendung von Controlling-Instrumenten betrifft. Nach einer Untersuchung von Lück nutzen kleine und mittlere Braubetriebe die Methoden des Controllings noch sehr selten, obgleich sie ihnen eine hohe Bedeutung beimessen. Aber auch große Brauereien weisen hier noch deutliche Defizite auf. So führen nur 57% der untersuchten Brauereien Erfolgsanalysen durch. Auch Potentialanalysen und Portfoliotechniken werden kaum eingesetzt.[264] Es ist insgesamt auffällig, daß vor allem Analyseverfahren, die valide Zunkunftsprognosen ermöglichen könnten, nicht angewendet werden. Insbesondere Mehrsortenbetrieben bereitet ihre Produktvielfalt kostenrechnerische

[259]Vgl. Bayerischer Brauerbund, Geschäftsbericht, 1999, S. 47.
[260]Vgl. Ebbertz, L., Konzentration im Braugewerbe, 1992, S. 431.
[261]Vgl. Lück, W., Logistik, 1992, S. 39.
[262]Vgl. Ebbertz, L., Konzentration im Braugewerbe, 1992, S. 418.
[263]Vgl. Lück, W., Logistik, 1992, S. 103 u. S. 175.
[264]Vgl. Lück, W., Brauwelt Nr. 19, 1999, S. 868-870; Lück, W., Brauwelt Nr. 23, 1999, S. 1054-1058.

Probleme, die zum einen mit den hohen Rüstkosten für technische Umstellungen, etc., zum andern mit dem Mangel an geeigneten Instrumenten zur verursachungsgerechten Erfassung der Gemeinkosten, zu begründen sind.[265] Können doch dadurch rentable von unrentablen Sorten nicht unterschieden werden. Es wird häufig vielmehr am historisch gewachsenen Sortiment festgehalten, ohne neue rentable Marktnischen zu suchen.[266]

Zur Kostenüberprüfung gehört aber auch ein ganzheitliches Marketingkonzept, über welches die kleinen und mittelständischen deutschen Brauereien häufig nicht verfügen. Insbesondere eine strategische Ausrichtung des Marketings ist nicht zu erkennen.[267] Zu viele zukunftswirksame Entscheidungen werden „aus dem Bauch heraus" gefällt.[268] Marktveränderungen werden zu spät erkannt, auf Signale wird nicht geachtet und dann unüberlegt reagiert. Häufig besteht die eigene Strategie nur aus dem imitieren der Wettbewerber. Durch Nachahmung, ohne aktive Marktgestaltung, laufen viele Betriebe ewig den Kundenwünschen hinterher.[269]
Grund hierfür ist bei einigen Brauunternehmen die mangelnde betriebswirtschaftliche Grundausbildung der Eigentümer, die gleichzeitig auch wie bei Familienunternehmen häufig der Fall, die Führungsperson des Betriebes einnehmen.[270] Auf Umfeldänderungen wird deshalb in vielen Fällen mit Verunsicherung reagiert. Besonders Führungskräfte, die früher großen Erfolg hatten, reagieren in solchen Fällen mit dem immer gleichen „Erfolgsmuster" aus der Vergangenheit.[271] Diese unternehmerischen

[265]Vgl. Schulte, A., Brauwelt Nr. 31/32, 1996, S. 1470.
[266]Vgl. Kuhl, V., Bier – Marketing, 1990, S. 170.
[267]Vgl. Kuhl, V., Bier – Marketing, 1990, S. 10-11.
[268]Vgl. Zelle, A., Markterschließungsstrategien, 1996, S. 9.
[269]Vgl. Schneider, G., GeschäftsWelt Nr 11, 1995, S. 1; Meyer, A., Brauwelt Nr. 42/43, 2000, S. 1722.
[270]Vgl. Kuhl, V. Bier – Marketing, 1990, S. 98.
[271]Vgl. Schulte, A., Brauwelt Nr. 31/32, 1996, S. 1468-1470.

Entscheidungs- und Führungsschwächen können zu einer Betriebsaufgabe beitragen.
Ebenso sind aber auch Nachfolgerprobleme ein wichtiger Grund für die Stillegung von Braustätten.[272] Teilweise sind keine Nachfahren vorhanden, teilweise wollen oder können die Nachkommen den Betrieb nicht übernehmen, teilweise wird der jungen Generation nicht rechtzeitig die Brauerei übergeben und teilweise ist das Unternehmen schon so überschuldet, daß keiner die Nachfolge antreten will.[273]

Die Schuldenlast führt vor der Aufgabe eines Betriebes häufig zu Quersubventionen, was zum Beispiel bei kleineren Brauereien im öfteren durch die angeschlossene Landwirtschaft der Fall ist.[274] Größere Brauereien wiederum verkaufen häufig Gebäude und Grundstücke und sichern so das Überleben.[275] Es ist daher nicht verwunderlich, daß der Brewers' Guardian bemerkt: "There are still over 1,200 breweries in Germany; only half these firms enter the new century in profit".[276] Schuld an dieser Misere ist zum einen der scharfe Wettbewerb, zum andern aber auch die häufig zu geringe Kapitalausstattung[277], die zahlreiche notwendige Investitionen nicht mehr zuläßt.[278] Dies kann zu einem zu geringen nicht mehr wettbewerbsfähigen Automationsgrad führen.[279]
Hinzu kommt, daß viele Maschinen für kleine Betriebe verhältnismäßig teuer sind, da nur noch hochautomatisierte und überdimensionierte Anlagen für größere Brauereien produziert werden.[280] Daß es Investitionsprobleme

[272]Vgl. Fischer, J., Brauereiverkäufe, 1989, S. 40.
[273]Vgl. Christl. J., Brau Ring Magazin Nr. 16, 1999, S. 8.
[274]Vgl. Ebbertz, L.; Konzentration im Braugewerbe, 1992, S. 222-223.
[275]Vgl. IKB, Branchenbericht Brauereien, 1998, S. 6; o.V., Lebensmittelpraxis Nr. 10, 2000, S. 40.
[276]Vgl. Jones, S., Brewers' Guardian Nr. 10, 2000, S. 32.
[277]Vgl. Zelle, A., Markterschließungsstrategien, 1996, S. 9.
[278]Vgl. Deutscher Brauer-Bund, Statistischer Bericht, 1998, S. 7.
[279]Vgl. Wirth, K.-D., Brau Ring Magazin Nr. 15, 1998, S. 10.
[280]Vgl. Ebbertz, L., Konzentration im Braugewerbe, 1992, S. 254.

in zunehmendem Maße gibt, wird verständlich bei Betrachtung der Neuanlagenpreise. So kostet eine einfache kleine Komplettabfüllanlage incl. Ein- und Auspacker, Reinigungsmaschine und Etikettierfunktion rund 2 Mio. Mark.[281] Durch die Überdimensionierung der neuen Maschinen ist die Auslastungsquote bei kleinen Brauereien sehr gering, was zu überhöhten Fixkosten führt.

Neben den kleinen Brauereien haben aber auch große Betriebe erhebliche Probleme. So sind sie beispielsweise im Gegensatz zu den kleineren Unternehmen in der Entscheidungsfindung langsamer. Auch der Mut zur Entscheidung fehlt häufig bei großen Unternehmen.[282] Darüber hinaus zeugt es von Führungsschwäche und ist personalwirtschaftlich als schlecht zu beurteilen, wenn der Vorstand eines Betriebes innerhalb kürzester Zeit mehrmals wechselt wie dies bei der Paulaner-Brauerei, München der Fall war.[283] Dies ist insofern von Nachteil, als daß sich die Mitarbeiter jedesmal auf einen neuen Führungsstil einstellen müssen und mit der Zeit evtl. nicht mehr gewillt sind, den wechselnden Anweisungen Folge zu leisten.
Darüber hinaus kommt es auch bei großen Braukonzernen vor, daß sie den defizitären Bierbereich durch Quersubventionen aus anderen Ertragssparten des Unternehmens ausgleichen (ein Beispiel hierfür ist der Brau und Brunnen-Konzern, Dortmund).[284] Ebenso Probleme, die besonders in großen internationalen Brauereien auftauchen können, sind Lizenzvergabeprobleme. So hat z.B. Löwenbräu, München bitter Lehrgeld zahlen müssen, als sie eine Lizenz an Miller Brewing in der USA vergaben, ohne Einflußmöglichkeiten auf die Markenbildung zu nehmen. In der Konsequenz wurde Löwenbräu zu Billigpreisen angeboten.[285] Dies zeigt,

[281]Vgl. Krones, Mittelstandsseminar, 1998, o.S.
[282]Vgl. Petersen, C., Getränkefachgroßhandel Nr. 10, 2000, S. 655.
[283]Pers. Auskunft, Herr Dir. Meier, 18.12.2000.
[284]Vgl. Ebbertz, L., Konzentration im Braugewerbe, 1992, S. 510.
[285]Vgl. Kaiser, M., WELT Bier-Report, Heft 124, 1993, S. 50-53.

daß innerhalb des Braugewerbes bei jeder Betriebsgröße Probleme auftauchen können.

Immer wieder wird auf die Benachteiligung kleiner Unternehmen im Vergleich zu den großen Unternehmen hingewiesen. Beide unterscheiden sich insbesondere in der Kostenstruktur. Dabei gilt, daß kleinere Betriebe tendenziell höhere Kosten pro hl haben als mittlere und diese wieder als große Brauereien. Der Grund hierfür liegt in den Kostendegressionseffekten. Bei genauer Untersuchung kann jedoch festgestellt werden, daß kleinere Brauereien in der Regel zwar höhere Kosten pro hl haben, diese aber teilweise wieder kompensieren können.[286] So wird der Betriebsgrößenvorteil durch die mit zunehmender Ausstoßmenge ansteigenden Transportkosten teilweise wieder ausgeglichen.[287] Generell kann deshalb keine Aussage zu einer optimale Betriebsgröße getroffen werden.[288] Was auch wiederum heißt, daß nicht schon per Definition kleine Brauereien, nur weil sie „der kleinere Betrieb" sind, schon als benachteiligt zu betrachten sind.

[286]Vgl. Ebbertz, L., Konzentration im Braugewerbe, 1992, S. 478.
[287]Vgl. Brunken, A., Wettbewerbsstrategien, 1991, S. 127.
[288]Vgl. Ebbertz, L., Konzentration im Braugewerbe, 1992, S. 479.

4. Lösungsansätze

4.1. Grundsätzliche Strategieentscheidungen

Eine Fülle von Entwicklungsproblemen kennzeichnen die deutsche Brauwirtschaft. Jedes einzelne Unternehmen, jede einzelne Brauerei muß Strategien zur Zukunftsgestaltung planen, um aktiv den Markt als Teilnehmer mitgestalten zu können. Geschieht dies nicht, so entscheidet der Markt alleine über die Zukunft des Unternehmens. In der Regel wird das Unternehmen vom Markt verdrängt werden, was die unfreiwillige Liquidierung des Betriebs zwingend nach sich ziehen wird.

Da eine Zukunftsplanung in der Planungsphase neue Wege aufzeichnen soll, darf die Planung zielgerichtet, muß aber letztendlich im Ergebnis offen sein, d.h. alle Möglichkeiten sind in Betracht zu ziehen. Kuhl weist zurecht darauf hin, daß zu allen denkbaren Alternativen auch die Entscheidungsalternative für den Austritt aus dem Markt gerechnet werden muß. Auch wenn die Marktbehauptung ins Auge gefaßt wird, sind alle Marktbearbeitungsalternativen bewertend zu überprüfen. Findet sich allerdings keine erfolgversprechende Strategie der langfristigen Marktbehauptung, so müssen in einem weiteren Schritt Marktaustrittsstrategien geprüft werden.[289] Auch wenn dies vielfach aus verschiedenen häufig emotionalen Gründen nicht ins Kalkül gezogen wird, so darf dennoch der Marktaustritt, wo er geboten ist, kein Tabu-Thema sein. Die Folge wäre nur ein mit Überschuldung erkaufter verzögerter und letztendlich doch erzwungener Marktaustritt.
Der sinnvoll geplante Marktaustritt kann nur in zwei Alternativen erfolgen: erstens ist er in Form eines längerfristig angestrebten Verkaufs möglich. In den verbleibenden Jahren der Marktteilnahme sollten die eventuell

[289]Vgl. Kuhl, V., Bier – Marketing, 1990, S. 90.

bestehenden Marktaustrittsbarrieren gesenkt werden, die den Wert des Unternehmens negativ beeinträchtigen könnten. Die zweite Strategie ist die Abschöpfungsstrategie. Sie bezweckt, die erzielbaren Erträge zu maximieren, um anschließend die Stillegung herbeizuführen.[290] Bevor die Option des Verkaufs als Marktaustrittsform gewählt wird, muß festgestellt werden, wer als potentieller Käufer in Frage kommt. Dies ist nicht einfach durchzuführen, da weder Käufer noch Verkäufer für gewöhnlich mit ihren Absichten an die breite Öffentlichkeit treten.[291] Sollte ein Verkauf nicht möglich sein, so ist erneut in die Planungsphase einzutreten und unter den verbleibenden Entscheidungsalternativen die beste auszuwählen.

Nach Porter kommen drei Typen von Wettbewerbsstrategien für die Marktbearbeitung in Betracht. Dies sind die umfassende Kostenführerschaft, die Differenzierungsstrategie und die Konzentration auf eine Nische.
Die umfassende Kostenführerschaft beinhaltet, innerhalb einer Branche durch eine Reihe von Maßnahmen einen umfassenden Kostenvorsprung zu erlangen.[292] Die Kostenführerschaft kann sich ebenso auf entsprechend abgegrenzte Teilmärkte beziehen. Auf die Brauwirtschaft übertragen bedeutet sie Konzentration auf die Produktion eines preisgünstigen Massenbieres. Um hohe Kostendegressionseffekte zu erreichen, muß in ausreichende Kapazitäten der Anlagen investiert werden. Diese müssen selbstverständlich auch ausgenutzt werden. Eine Sortenvielfalt ist aufgrund der hohen Rüstkosten bei dieser Strategie nicht angebracht. Diese Strategie eignet sich insbesondere für überregionale Großbrauereien mit profillosem Image. Auf der Ebene der Absatzkanäle kommt ausschließlich eine Zusammenarbeit mit preisaggressiven Absatzmittlern in Frage. Die Kundenbindung erfolgt ausschließlich über den Preis.[293]

---

[290]Vgl. Meffert, H., Marketingstrategien, 1984, S. 64-65.
[291]Vgl. Priller, S., Zukunftsaussichten, 1979, S. 267.
[292]Vgl. Porter, M. E., Wettbewerbsstrategie, 1995, S. 62-63.
[293]Vgl. Kuhl, V., Bier – Marketing, 1990, S. 106-112.

Der zweite Strategietyp besteht in der Differenzierung des Produktes. Der Sinn dieser Strategie liegt darin, das eigene Produkt als unvergleichbar und einzigartig in der gesamten Branche darzustellen. Die Einzigartigkeit schirmt gegenüber dem Wettbewerber ab und stellt somit eine Markteintrittsbarriere dar.[294] Bezogen auf die Brauwirtschaft kann das nur die Herstellung eines hochwertigen Bieres bedeuten, eines sogenannten Premiumbiers. Dafür ist es unerläßlich das positive Qualitätsimage an den Kunden weiterzugeben. Um das Markenimage aufzubauen und zu erhalten sind laufend hohe Marketingkosten erforderlich. Angesprochen wird der markenorientierte Käufer, für den der Preis zweitrangiges Kriterium ist. Die Zusammenarbeit mit Image bildenden Absatzmittlern aus Gastronomie und Handel sind unerläßlich. Die Differenzierungsstrategie kann für alle Brauereitypen angewandt werden, die über ein gefestigtes Image verfügen oder ein solches in kürzester Zeit aufzubauen vermögen.[295] Zu beachten ist bei dieser Strategie dennoch, daß es auf dem deutschen Biermarkt zunehmend schwieriger wird, sich aus der großen Konkurrenz der Premiumbiere abzuheben.

Die letzte Möglichkeit der Marktbearbeitung stellt die Konzentration auf Marktnischen dar. Die Abnehmergruppe oder ein geographisch abgegrenzter Markt kommen als Nische in Frage. Die Strategie beruht auf der Prämisse, daß das Unternehmen sein eng begrenztes Marktfeld wirkungsvoller und effizienter erreichen und bearbeiten kann als die Konkurrenten, die sich im breiten Wettbewerb befinden.[296] Ein Brauer, der diese Strategie einschlagen will, muß sich auf eine von einem kleinen Kundenkreis geschätzte Biersorte spezialisieren. Dies können regionale oder saisonale Bierspezialitäten sein, aber auch neue Biersorten wie z.B. Dinkelbier stellen eine Möglichkeit dar. Auch hier ist ein gutes Image bei dem ausgewählten Abnehmerkreis unerläßlich. Die Zusammenarbeit mit

[294] Vgl. Porter, M. E., Wettbewerbsstrategie, 1995, S. 65-66.
[295] Vgl. Kuhl, V., Bier – Marketing, 1990, S. 113-118.
[296] Vgl. Porter, M. E., Wettbewerbsstrategie, 1995, S. 67.

imagebildenden, ausgewählten Absatzmittlern ist eine grundlegende Voraussetzung. Insbesondere stellt die Erlebnisgastronomie eine Möglichkeit dar, den Spezialitätencharakter des Bieres zu unterstreichen. Diese Strategie eignet sich besonders für kleine und mittelgroße Brauereien, die in der Lage sind, sich flexibel auf ändernde Biersortentrends und wandelnde Konsumgewohnheiten einzustellen.[297] Gerade auch Bierspezialitäten mit einem geringen Absatzvolumen, bei denen die Kostendegressionseffekte großer Brauereien nicht realisiert werden können, eignen sich von diesen kleinen Brauereien rentabel auf dem Markt plaziert zu werden.
Abbildung 3 stellt die verschiedenen Strategien dar (siehe Anhang).

Diese drei Strategietypen sind alternativ gangbare Möglichkeiten, um sich am Markt zu behaupten. Das bedeutet umgekehrt, daß ein Unternehmen, dem es nicht gelingt seine Strategie in eine dieser drei Richtungen zu entwickeln, um mit Porter zu sprechen „zwischen den Stühlen sitzt". Die klare Entscheidung für eine dieser Strategien ist nach Porter unabdingbar, um mit den Wettbewerbskräften fertig zu werden und am Markt zu bestehen.[298] Übertragen auf die Bierbranche nimmt das Unternehmen, das vor allem Konsumbier herstellt, diese „struck in the middle"-Position ein. Das Konsumbier wird zunehmend von oben durch die Premiumbiere der Differenzierer und von unten durch die Billigbiere der Kostenführer bedrängt, da es weder zu der einen noch zu der anderen Gruppe gehört und auch nicht als Spezialität angesehen werden kann. Zur Zeit handelt es sich bei den meisten mittelständischen Brauereien um Konsumbierhersteller (siehe „Ei-Birnen-Strukturmodell" in Kapitel 3.2.2.3.). Sie nehmen somit die beschriebene kritische Position zwischen den Stühlen ein. Da diese Position in der Regel nicht auf Dauer erfolgsversprechend sein kann, müssen sich die betroffenen Betriebe für eine der drei oben vorgestellten Strategien entscheiden.

[297]Vgl. Kuhl, V., Bier – Marketing, 1990, S. 118-124.
[298]Vgl. Porter, M. E., Wettbewerbsstrategie, 1995, S. 71-74.

Besonders wichtig ist das Umdenken von der bisher absatzorientierten hin zu einer umsatzorientierten Brauwirtschaft (s. Kapitel 3.2.4.1.). Einzig dem die Kostenführerschaft anstrebenden Unternehmen darf der Hektoliter Ausstoß weiterhin als Maßgröße dienen. Spezialbierhersteller und Premiumbierproduzenten müssen sich auf die Umsatzzahlen konzentrieren und ihr Größendenken auf ROI einrichten. Generell muß deshalb ein neuer Maßstab für die Betriebsgrößenbewertung im Braugewerbe gefunden werden.

4.2. Zusätzliche Wettbewerbsentscheidungen

Als grundsätzliche Entscheidung muß bei den Planungsalternativen berücksichtigt werden, ob die Marktbearbeitung im Alleingang oder in Form einer Fusion oder als Kooperation erfolgen soll.[299] Besonders die naheliegende Kooperation wird zumeist aus emotionalen Gründen von vornherein nicht in Betracht gezogen, obgleich sie ebenso wie die Fusion in der Lage ist, erhebliche Wirtschaftlichkeitsreserven, Rationalisierungspotentiale, Kosteneinsparungen und Größendegressionseffekte zu erzielen.[300] Wenn in Deutschland Kooperationen geschlossen werden, dann erfolgt dies in der Regel auf der Basis gemeinsamer Werbung wie dies beispielsweise in der Vereinigung Privater Brauereigasthöfe, der Bier- und Burgenstraße e.V. oder der Vereinigung Fränkische Bierstraße e.V. verwirklicht ist.[301] Positiv sticht die Kooperationsgesellschaft Privater Brauereien Brauring hervor, die sowohl Beschaffung von Roh-, Hilfs- und Betriebsstoffen und Erfahrungsaustausch mit betriebswirtschaftlichem Know-how als auch Innovationen mit dem dazugehörigen Marketing anbietet. Hier beispielsweise sei das Produkt „Chambionette" zu nennen, ein Mixgetränk bestehend aus 52% Leichtbier und 48% Sekt. Generell bietet diese Kooperation auch Produktergänzungen wie z.B. Bock- oder Diätbier, hergestellt von einem Mitglied der Vereinigung, zum Vertrieb an.[302] Dieser Bereich sollte verstärkt ausgebaut werden. Vorstellbar wäre beispielsweise eine gemeinsame Abfüllanlage mehrerer Brauereien.

Neben der Kooperation bietet das Contract Filling[303]die Möglichkeit ganz oder teilweise auf eine eigene Abfüllanlage zu verzichten und somit Kosteneinsparungen zu erzielen. Durch die beim Contract Filling

[299]Vgl. Kuhl, V., Bier – Marketing, 1990, S. 88.

[300]Vgl. Knop, C., FAZ Nr. 295, 19.12.1998, S. 13.

[301]Vgl. Private Brauereigasthöfe, 2000.

[302]Vgl. o.V., Brau Ring Magazin Nr. 15, 1998, S. 26-32.

[303]Als Contract Filling wird die vertraglich vereinbarte Fremdabfüllung bezeichnet.

erfolgende Fremdabfüllung ist es möglich, das eigene Bier in Gebinden wie bspw. Dosen oder PET-Flaschen abzufüllen, ohne die hohen Investitionskosten für die entsprechenden Anlagen tragen zu müssen. Contract Filling wird beispielsweise von der Privatbrauerei Kaiserdom, Bamberg angeboten, die darüber hinaus selbst das Brauen nach Kundenrezeptur, die notwendige Logistik und eine eventuelle Exportabwicklung übernimmt.[304]

Um dem zunehmenden Marktdruck auszuweichen, kann die Erschließung ausländischer Märkte eine sinnvolle Ergänzung sein und zur Überlebenssicherung beitragen. Attraktiv sind Wachstumsmärkte wie z.B. Rußland, Polen, Ungarn und Italien (s. Kapitel 2.1.). Als außereuropäischer Markt ist insbesondere China von Interesse, da der chinesische Biermarkt in den letzten zehn Jahren mit einer durchschnittlichen Steigerungsrate von jährlich 25% überproportional gewachsen ist und damit heute den zweitgrößten Biermarkt der Welt darstellt (s. Kapitel 2.2.2.). Dennoch liegt der chinesische Pro-Kopf-Bierverbrauch erst bei rund 18 Litern.[305] Daß hier noch erhebliches Wachstumspotential vorhanden ist, liegt auf der Hand. Allerdings muß berücksichtigt werden, daß Bier in China zum Teil billiger als Mineralwasser angeboten wird. Grund hierfür ist ein Preiskrieg auf dem Konsumbiermarkt.[306] Um in diesen Wachstumsmärkten Fuß fassen zu können schlägt Zelle die direkte Beteiligung, das Joint Venture oder die Lizenzvereinbarung als drei alternative Möglichkeiten für eine Markterschließung vor. Ausführlich stellt Zelle dar, daß diese Möglichkeiten insbesondere auch für mittlere Brauereien bestehen.[307] So läßt z.B. die mit einem Jahresausstoß von rund 90 Thl als mittelständische

[304]Vgl. Kaiserdom, Contract Filling, o.J., S. 1-8.

[305]Vgl. Rodrian, G., Krones Magazin Nr. 4, 2000, S. 7.

[306]Vgl. Bückle, J., Brauindustrie Nr. 10, 2000, S. 527.

[307]Vgl. Zelle, A., Markterschließungsstrategien, 1996, S. 27-32.

Brauerei einzustufende Klosterbrauerei Andechs ihr Bier in Lizenz in Kanada brauen.[308]

Auch die horizontale oder vertikale Integration eines Unternehmens kann zur Marktbehauptung beitragen. Die rückwärtsgerichtete vertikale Integration bedeutet eine Ausweitung der Unternehmenstätigkeit auf vorgelagerte Produktionsstufen. Bezogen auf die Bierbranche könnte hierunter z.B. die Eröffnung eines Hopfenhandels, der Kauf einer Mälzerei oder der Betrieb einer eigenen Glashütte fallen. Da der Hopfenhandel in Deutschland bereits eine hohe Konzentration aufweist (über 2/3 des Marktes werden von zwei Handelshäusern beherrscht)[309], die Mälzereibranche mit enormen Überkapazitäten kämpft und sich in einem ähnlichen Konzentrationsprozeß wie die Brauindustrie befindet[310] und die Glasbranche ebenfalls keinen gewinnträchtigen Wirtschaftssektor darstellt, durch deren Übernahme insgesamt keine höheren Unternehmenserträge zu erwarten sind, ist von einer Rückwärtsintegration abzuraten.
Bessere Erfolgsaussichten verspricht die Integration in vorgelagerte Wirtschaftsbereiche, d.h. in Tätigkeitsfelder, die auf dem eigenen Geschäft aufbauen. Ein Beispiel für diese zweite Form der Integration stellt die Gründung eines Handelsunternehmens, der Aufbau einer eigenen Gastronomie und der Getränke-Heimdienst dar. Von einer Vorwärtsintegration in den Handel ist aufgrund der bereits herrschenden starken Konzentration des LEH und den daraus resultierenden Preiskämpfen (s. Kapitel 3.2.3.3.) abzuraten. Hingegen könnte der Aufbau einer eigenen Erlebnisgastronomiekette ähnlich dem englischen Alex-Konzept (s. Kapitel 3.2.4.4.) erfolgversprechend sein. Eine gute Chance der Absatzmittlung für Brauereien stellt der Getränke-Heimdienst dar. Durch den Getränke-Heimdienst werden die eigenen Produkte dem

---

[308]Vgl. Bilgri, A. u.a., Klosterbrauerei, 1998, S. 15.
[309]Vgl. Cooberg, H.-J./Steier, S. H., Hopfenrundschau International, 1999, S. 26 u. S. 50.
[310]Vgl. Fritzer, H., Hopfenrundschau International, 1999, S. 53-57.

Endverbraucher direkt bis in die Wohnung geliefert. Diese Dienstleistung wird mit der zunehmenden Überalterung der Bevölkerung (s. Kapitel 3.2.2.1.) besonders gefragt sein.
Das Angebot des Getränke-Heimdienstes ist insbesondere für kleine, aber auch für mittlere Brauereien möglich. Für größere Brauereien ist diese Vertriebsform aufgrund der häufigen Zwischenstopps und des erforderlichen sehr großen Aktionsradius nicht geeignet.[311]
Als horizontale Integration ist eine Unternehmenserweiterung auf gleicher Produktionsebene zu bezeichnen. Für die Brauereibranche könnte dies eine Diversifizierung in andere Bereiche der Lebensmittelherstellung bedeuten. Denkbar wäre hier insbesondere die Übernahme eines Salzgebäck- oder Chipsherstellers, dessen Produkte zusammen vermarktet werden können (s. Kapitel 4.4.). Brauereien können aber natürlich auch in branchenunabhängige Bereiche diversifizieren, um ein zweites Standbein aufzubauen.

[311]Vgl. Ebbertz, L., Konzentration im Braugewerbe, 1992, S. 524-526.

4.3. Innovationen

Insbesondere für Spezialbieranbieter und Premiumbierproduzenten sind Innovationen notwendig, um auf dem deutschen Markt bestehen zu können. Diese unterteilen sich in vier Gruppen: echte Getränkeinnovationen, unechte Getränkeinnovationen, Verpackungsinnovationen und Verfahrensinnovationen.

Als Beispiele für echte Getränkeinnovationen können aus der Vergangenheit Dinkelbier, Einkornbier und Fünfkornbier genannt werden. Heute sind Biermischgetränke mit Holunder, Hanfblüten, Feigen, Datteln oder Apfelsaft denkbar. Ebenso sind Functional Drinks mit Lacto-Bazillius und Gluconobacter-Stämme nach Ansicht von Schur denkbar.[312]

Unechte Getränkeinnovationen sind beispielsweise die „Schneeweisse“ von Erdinger, ein Winter-Hefe-Weissbier oder „Oh là là“ von Kuchlbauer, ein Weissbier speziell zu Spargelgerichten. Diese Produkte sind keine wirklichen Sorteninnovationen, sondern greifen auf vorhandene Brautechniken zurück und vermarkten diese Produkte neu als Innovationen.

Als Beispiel für eine Verpackungsinnovation sei das selbstkühlende Faß, das Tucher im Jahr 2000 auf den Markt brachte, genannt.[313] Eine weitere neue Verpackungsinnovation sind auch die Kastenetiketten der Firma Altenmünster[314], durch die die individuelle Beschriftung von Standardkästen mit dem Namenszug der Brauerei und der jeweiligen Biersorte möglich wird. Durch diese Innovation wäre es denkbar, daß mehrere Unternehmen zusammen einen „Kastenpool“ bilden und dennoch ihr individuelles Erscheinungsbild auf dem Bierkasten wahren. Dies könnte zu erheblichen Einsparungen in den Bereichen der Materialbeschaffung und der Logistik führen. Denkbar wäre in Zukunft weiterhin ein Faß in Quaderform mit integrierter Zapfvorrichtung, das im Getränkefach des

---

[312]Vgl. Schur, F., Brauindustrie Nr. 10, 2000, S. 564-565.

[313]Vgl. o.V., Deutsche Getränke Wirtschaft Nr. 10, 2000, S. 33.

[314]Vgl. Omlor, D., Getränkefachgroßhandel Nr. 10, 2000, S. 216.

Kühlschranks untergebracht werden kann. Dieses Faß wäre dazu geeignet den Faßbierkonsum im Heimbereich zu fördern und wäre damit gleichzeitig ein Beispiel für die von den Verbrauchern so geforderten Convenience-Produkte.
Als Verfahrensinnovation ist ein neues Gärverfahren zu bezeichnen, bei dem die Gärung nicht mehr wie bisher nach Zeit, sondern nach Vergärungsgrad durch sensorische Messung festgestellt wird. Beim bis heute üblichen Verfahren wird eine relativ lange Vergärzeit eingehalten, nach der Sicherheit darüber besteht, daß das Bier auf jeden Fall den gewünschten Vergärungsgrad erreicht hat. Das neue Verfahren verkürzt durch die Messung die Vergärzeit, nachdem nun der exakte gewünschte Vergärungsgrad festgestellt werden kann. Außer der Zeitersparnis können somit Lagerkosten reduziert werden.[315]

[315]Pers. Auskunft, Herr Hönig, Siemens AG ATD NG, 8.12.2000.

4.4. Marketing

Auch im Bereich des Marketings sind viele zukunftsweisende verkaufsfördernde Maßnahmen denkbar. Insbesondere für größere und mittlere Brauereien kann es sinnvoll sein Gasthausbrauereien mit Erlebnisgastronomiecharakter zu gründen. Zum einen fördern sie das Image und die Kundenbindung. Zum anderen bieten Gasthausbrauereien die Möglichkeit eines Testmarktes für neue Sorten und innovative Produkte. Beispielsweise dient die Gasthausbrauerei „Altstadthof" in Nürnberg der Neumarkter Lammsbräu als Lehr- und Versuchsbrauerei.[316]
Für Brauereien aller Betriebsgrößenklassen stellen Bierevents wie z.B. der Tag des Bieres, Brauereifeste oder Brauerei-Fan-Club-Stammtische, eine Möglichkeit dar, potentielle Biertrinker anzusprechen, zum Konsum zu animieren und an die Brauerei zu binden. Darüber hinaus ist es sinnvoll, Komplementärprodukte[317] mit Bier zusammen zu verkaufen, um den potentiellen Bierkonsumenten über das Komplementärprodukt anzusprechen.
Ein Zusatznutzen könnte für den Verbraucher gestiftet werden, indem auf den Bieretiketten die Herkunft und die Art der verwendeten Rohstoffe angegeben wird.[318] Ebenso könnten ähnlich wie bei Mineralwasser die Nährwerte des Bieres, hier insbesondere die Vitamine und Mineralien, angegeben werden. Das würde dem gesundheitsbewußten Biertrinker entgegenkommen und ein positives Image des Bieres fördern.
Ein positives Image der Brauerei, das sich auch verkaufsfördernd auswirken kann, ist durch antizipierte Maßnahmen im

[316]Vgl. Seidl, C., Noch ein Bier, 1993, S. 57.
[317]Komplementärprodukte sind Produkte, die der Abnehmer zusammen verwenden kann und die sich gegenseitig ergänzen und somit den Verkauf fördern (vgl. Porter, M. E., Wettbewerbsvorteile, 1986, S. 524) z.B. Bier und Chips in einer Kombibox.
[318]Vgl. Seidl, C., Hopfenrundschau International, 1999, S. 44.

Umweltschutzbereich, z.B. durch Erfüllung von voraussehbaren Auflagen, zu erreichen.

Darüber hinaus wird zunehmend wichtiger, den Verbraucher durch emotionale Werbung anzusprechen. Das moderne Marketing bietet dafür eine Vielzahl von Möglichkeiten. Wichtig ist bei allen ergriffenen Marketingmaßnahmen, daß sie ihre gewünschten Wirkungen nur im Zusammenspiel, im sogenannten Marketing-Mix, erreichen.

5. Fazit

Anhand der Darstellung der europäischen und deutschen Braustruktur wird die einzigartige Struktur und Vielfalt der deutschen Brauwirtschaft deutlich. Als die letzte Brauwirtschaft mit atomistischer Struktur in Europa ist sie seit Jahren dem Wandel unterworfen.
Im Gegensatz zur gängigen Literaturmeinung ist der fortwährende Verbrauchsrückgang kein Ausdruck von Stagnation. Vielmehr ist die deutsche Brauwirtschaft seit einigen Jahren in eine vierte Phase eingetreten, die nur als Reduktionsphase bezeichnet werden kann.
Ebenso wie der Pro-Kopf-Verbrauch ist auch die Anzahl der Brauereien kontinuierlich zurückgegangen. Obgleich einige neue Gasthausbrauereien den Markt betreten, ist die deutsche Brauwirtschaft inmitten eines Konzentrationsprozeßes. Dieser zeigt sich dadurch, daß immer weniger Brauereien einen immer größeren Teil des deutschen Gesamtausstoßes produzieren. Die Entwicklungstendenzen sind eindeutig, so daß davon auszugehen ist, daß diese Konzentration noch in erheblichem Maße weitergehen wird.
Diese beiden Entwicklungen, der sinkende Verbrauch und die zunehmende Konzentration werden von einer Vielzahl von Faktoren beeinflußt. Zum einen wird der Verbrauch aufgrund der zukünftig sinkenden Bevölkerungsanzahl in einigen Jahren noch erheblich stärker zurückgehen.
Einer der Gründe, die dafür Verantwortung tragen, sind die herausgearbeiteten konjunkturellen und vor allem gesellschaftliche Ursachen. Darüber hinaus ist das Konsumverhalten ebenfalls in einem grundlegenden Wandel, was besonders die Gastronomie als einer der traditionell stärksten Absatzmittler zu spüren bekommt. Der Konzentrationsprozeß innerhalb des LEH sorgt für eine zunehmende Verschärfung des Wettbewerbs, dessen Ausdruck erhebliche Preissenkungen sind.

Aber auch die Konkurrenz innerhalb der deutschen Brauwirtschaft nimmt in verstärktem Maße durch zu erwartende Markteintritte ausländischer Brau-Giganten zu. Der Markteintritt der ausländischen Braukonzerne scheint, nur noch eine Frage der Zeit zu sein. Schon heute ist die Konkurrenz innerhalb der deutschen Brauwirtschaft deutlich vorhanden und wird ständig größer. Der heimische Markt ist gekennzeichnet durch Fusionen, Aufkäufe und Verdrängungen.
Kurz beleuchtet wurden weitere externe Faktoren wie z.B. rechtliche Vorschriften und die Rohstoffbeschaffung. Hier kann festgestellt werden, daß obwohl häufig angeführt, die Rohstoffpreisentwicklung kein ausschlaggebender Grund für die Entwicklungsprobleme sind. Die exemplarisch aufgezeigten innerbetrieblichen Probleme zeigten deutlich, daß auch innerbetriebliche Faktoren in zunehmendem Maße bei Brauereien aller Größenklassen für Marktaustritte verantwortlich sind.

Nachdem die Probleme umfassend aufgeführt wurden, wurde deutlich gemacht, daß die Entscheidung für eine grundlegende Wettbewerbsstrategie zur Eigenpositionierung notwendig ist, um am Markt bestehen zu können. Insbesondere die Konsumbieranbieter müssen aus ihrer „Struck in the middle - Falle" heraustreten und sich neu positionieren.
Überdacht werden muß auch das bisherige Streben nach möglichst hohen Hektoliterzahlen. Vielmehr sollten Finanzgrößen wie Umsatz und Gewinn als Richtlinien dienen.
Mit der Neupositionierung muß zunehmend auch die Möglichkeit der Kooperation, des Contract Filling und eventuelle Markteintritte in ausländische Wachstumsmärkte und Expansionen beachtet werden. Diese Möglichkeiten werden heute noch zu wenig genutzt.
Im Marketingbereich darf zunehmend auf neue kundenorientierte Marketingmaßnahmen, strukturaufbrechende Lösungen (Testmarkt Gasthausbrauereien) und Innovationen nicht verzichtet werden.
Mit dem Erkennen der Probleme und dem Einsatz der entsprechenden Unternehmensplanungs- und Marketinginstrumenten sind den Brauereien

eine Reihe von Möglichkeiten an die Hand gegeben, um in dem Konzentrationsprozeß bestehen zu können.
Viele Brauereien müssen nur aus der Lethargie, in die sie häufig verfallen zu sein scheinen, heraustreten und zu aktiven Marktteilnehmern werden. Dann ist es möglich, die einzigartige Struktur und Vielfalt des deutschen Brauereiwesens zumindest im Ansatz zu erhalten.

Anhang

Abbildung 1: Geographische Braustättenverteilung in der BRD 1973.

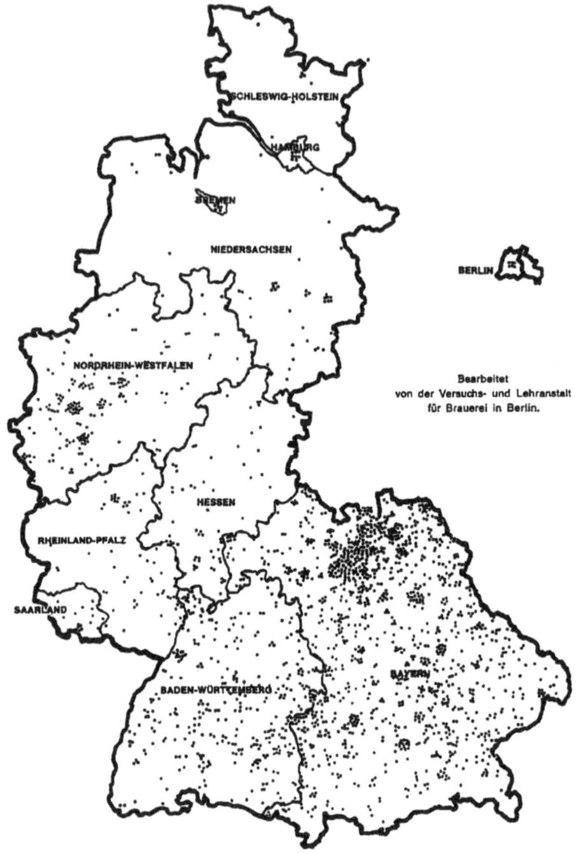

Quelle: Schmucker, F. L., Stuktur der Brauwirtschaft, 1973, o.S.

Abbildung 3: Strategische Marktbearbeitungsalternativen für Brauereien.

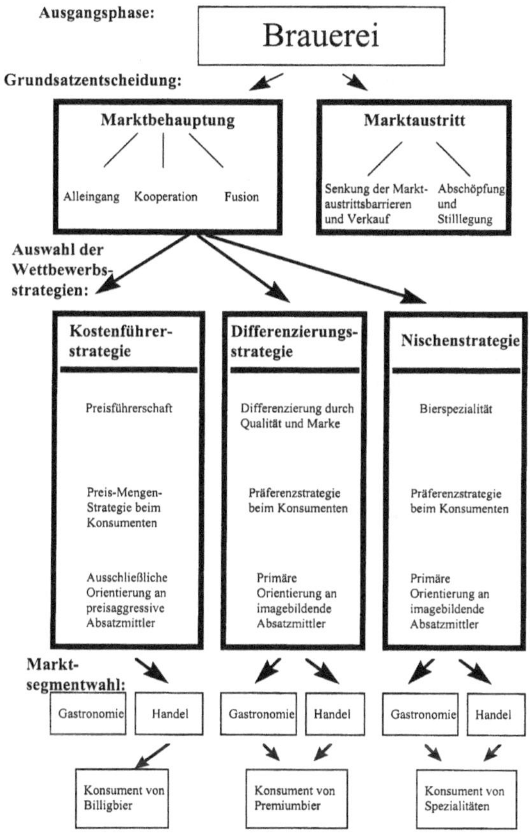

Eigene Darstellung nach: Kuhl, V., Bier – Marketing, 1990, S. 88; Porter, M. E., Wettbewerbsstrategien, 1995, S. 62-68.

Tabelle 1: Anzahl der Braustätten in den Ländern Europas.

Land	Braustätten Anzahl
EU	**1673**
Belgien	110
Dänemark	12
Deutschland	1277
Spanien	22
Frankreich	20
Griechenland	6
Irland	7
Italien	15
Luxemburg	5
Niederlande	17
Österreich	60
Portugal	7
Finnland	6
Schweden	34
Verein. Königreich	75
Norwegen	16
Schweiz	25

Quelle: Deutscher Brauer-Bund, Brauwirtschaft in Zahlen, 2000, S. 17.

Tabelle 2: Gesamtbierausstoß in den Ländern Europas.

Land	Bierausstoß insgesamt in Thl
EU	**313452**
Belgien	14105
Dänemark	8024
Deutschland	112800
Spanien	25852
Frankreich	19866
Griechenland	4220
Irland	8648
Italien	12137
Luxemburg	450
Niederlande	24501
Österreich	8869
Portugal	6758
Finnland	4695
Schweden	4673
Verein. Königreich	57824
Norwegen	2200
Schweiz	3599

Quelle: Deutscher Brauer-Bund, Brauwirtschaft in Zahlen, 2000, S. 17.

Tabelle 3: Biersteuervergleich in den Ländern Europas.

Land	Biersteuer je hl Bier (12° Plato oder 5% alc.Vol.) in Euro
Belgien	20,38
Dänemark	46,1
Deutschland	9,38
Spanien	8,34
Frankreich	12,88
Griechenland	14,49
Irland	99,52
Italien	16,73
Luxemburg	5,32
Niederlande	21,13
Österreich	17,32
Portugal	13,98
Finnland	142,08
Schweden	82,44
Verein. Königreich	82,34
Norwegen	260,93
Schweiz	15,76

Quelle: CBMC, Statistik, 1999, S. 20.

Tabelle 6: Bieraustoß in Deutschland von 1950 bis 1999.

Jahr	Bierausstoß in Thl *)	Jahr	Bierausstoß in Thl *)
1950	18.176	1985	93.303
1955	36.130	1986	94.080
1960	53.739	1987	92.602
1965	73.178	1988	92.510
1970	87.051	1989	93.058
1975	93.457	1990	104.284
1976	95.697	1991	118.031
1977	94.347	1992	120.158
1978	91.656	1993	114.800
1979	91.643	1994	118.300
1980	92.342	1995	116.900
1981	93.721	1996	114.200
1982	94.826	1997	114.800
1983	94.983	1998	111.700
1984	92.583	1999	112.800

*) Bis 1990 beziehen sich die Zahlen auf früheres Bundesgebiet.

Eigene Darstellung nach: Deutscher Brauer-Bund, Statistischer Bericht, 1998; S. 39; Deutscher Brauer-Bund, Brauwirtschaft in Zahlen, 2000, S. 4.

Tabelle 7: Pro-Kopf-Bier-Verbrauch in Deutschland von 1950 bis 1999.

Jahr	Pro-Kopf-Verbrauch in Liter *)	Jahr	Pro-Kopf-Verbrauch in Liter *)
1950	35,6	1985	145,8
1955	67,0	1986	146,6
1960	94,7	1987	144,3
1965	122,1	1988	143,0
1970	141,1	1989	142,7
1975	147,8	1990	142,7
1976	151,0	1991	141,9
1977	148,9	1992	142,0
1978	145,9	1993	135,9
1979	145,4	1994	138,0
1980	145,9	1995	135,9
1981	147,1	1996	131,9
1982	148,2	1997	131,2
1983	148,7	1998	127,5
1984	144,8	1999	127,5

*) Bis 1990 beziehen sich die Zahlen auf das frühere Bundesgebiet;
ab 1993 Neue Berechnungsmethode.

Eigene Darstellung nach: Deutscher Brauer-Bund, Statistischer Bericht, 1998; S. 70-71; Deutscher Brauer-Bund, Brauwirtschaft in Zahlen, 2000, S. 5.

Tabelle 9: Betriebsgrößenstruktur in der deutschen Brauwirtschaft.

Jahr	Anzahl an Kleinbrauereien bis 10 Thl *)	Anzahl an mittelgroßen Brauereien 10 Thl *)- 500 Thl	Großbrauereien mehr als 500 Thl	Summe
1962	1311	779	16	2106
1989	650	483	45	1178
1999	828	398	51	1277

*) In dieser Tabelle wurde in Ermangelung anderer Zahlen eine andere Betriebsgrößenabgrenzung vorgenommen.

Eigene Darstellung nach: Nagel, B., u. Brüggelambert, G., Markt und Konzentration, 1991, S. 73; Deutscher Brauer-Bund, Brauwirtschaft in Zahlen, 2000, S. 2-3.

Literaturverzeichnis

Alvarez, Carlos	Brand Master in: **Modern Brewery Age Nr. 37**, September 2000, S. 8-12.
Andersen, Uwe / Woyke, Wichard	Land **Nordrhein-Westfalen** in: Andersen, Uwe / Woyke, Wichard (Hrsg.), Handwörterbuch des politischen Systems der Bundesrepublik Deutschland, 3. Aufl., Opladen 1997, S. 302-309.
Baumann, Hans	Am Bügel zogen sie sich aus dem Sumpf in: **WELT Bier-Report Heft 124**, September 1993, S. 70-71.
Baumann, Hans	Heineken: Wir haben Zeit und sind nicht knapp bei Kasse in: **WELT Bier-Report Heft 124**, September 1993, S. 20-24.
Baumann, Hans	Wohin geht die Bier-Reise? In: **WELT Bier-Report Heft 124**, September 1993, S. 4-8.
Bayerischer Brauerbund e.V.	**Geschäftsbericht** 1998, München 1999.

Behrends, Christian — Handelsbefragung Trend 2000: Die Stimmung steigt in: **Lebensmittel Praxis Nr. 1**, 2000, S. 22-27.

Berger, Roland — Biermarkt Deutschland: Vergangenheit, Gegenwart und Zukunft in: **Brauwelt Nr. 49/50**, 1999, S. 2353-2354.

Bilgri, Anselm / Köhler, Peter K. / Adam, Birgit — Geheimnisse der **Klosterbrauerei**, Augsburg 1998.

Birnbaum, Günter — Getränke Trend-Monitor in: **Getränkefachgroßhandel Nr. 10**, Oktober 2000, S. 606.

Bosch, Heinrich — Der Heimdienst im Verteilsystem bei mittelständischen Brauereien in: **Die Privatbrauerei Nr. 11-12**, 2000, S. 410-413.

Brühl, Inge — Köstliche Alternativen – Weihnachts- und Festbiere in: **Getränkefachgroßhandel Nr. 10**, Oktober 2000, S. 626-630.

Brunken, Astrid — **Wettbewerbsstrategien** in der mittelständischen Brauwirtschaft, Nürnberg 1991.

Buch v., Ute — Interbrew: Neues Konzept für neues Bier in: **Getränke-Verpackungen Sonderheft**, November 2000, S. 38.

Bückle, Jörg — China bleibt spannend in: **Brauindustrie Nr. 10**, Oktober 2000, S. 527.

Busch, Monika — Dom-Brauerei AG: Weitere Zukäufe geplant in: **Deutsche Getränke Wirtschaft Nr. 9**, September 2000, S. 20-21.

Busch, Monika — Deutsche Tochter geht mit Carlsberg in die Offensive – Europäische Konzernstrategie setzt auf die Gastronomie in: **Deutsche Getränke Wirtschaft Nr. 10**, Oktober 2000, S. 14.

Busch, Monika — Dosenbier weiterhin mit Zuwachsraten in: **Deutsche Getränke Wirtschaft Nr. 10**, Oktober 2000, S. 18.

Busch, Monika — Zwangspfand ... die unendliche Geschichte? in: **Deutsche Getränke Wirtschaft Nr. 10**, Oktober 2000, S. 16-17.

CBMC — **A new policy for beer excisee in Europe**, Brüssel 1995.

CBMC — **Le partenariat brasseur – cafés/hotels/ restaurants** – Profite aux consommateurs de bière dans toute l'Europe, Brüssel 1998.

CBMC — **Statistik** 1999 (Data 1998), Brüssel 1999.

Christl, Johannes	Wenn der Vater mit dem Sohne – Generationswechsel in der Brauerei in: **Brau Ring Magazin Nr. 16**, November 1999, S. 8.
Cooberg, Heinz-Jürgen / Steiner, Simon H.	Der Hopfenhandel im nächsten Jahrtausend – The hop trade in the next millennium in: **Hopfenrundschau International**, 1999, S. 25-26 u. S. 50.
Cordes, Peter	Electronic Commerce in der Getränkewirtschaft in: **Brauwelt-Brevier** 1999, Nürnberg 1999, S. 25-27.
Delos, Gilbert	**Biere aus aller Welt**, Erlangen 1994.
Deutscher Brauer-Bund e.V.	22. **Statistischer Bericht**, Bonn 1998.
Deutscher Brauer-Bund e.V.	Die Deutsche **Brauwirtschaft in Zahlen** 1999, Bonn 2000.
Dilly, Peter	Qualität und Umwelt in: Peter Dilly (Hrsg.), **Qualitätssicherung** in der Brau- und Getränkewirtschaft, Hamburg 1990, S. 133-143.
Dostert, Elisabeth	Der Club der 100 in: **SZ Nr. 200**, 31.8.2000, S. 26-27.

DPA — Fahrverbot ab 0,5 Promille in: **Mittelbayerische Zeitung Nr.135**, 14.6.2000, S. 1.

Ebbertz, Lothar — Die **Konzentration im Braugewerbe** der Bundesrepublik Deutschland: Entwicklung und Ursachen, Teil 1, Frankfurt/Main u.a. 1992.

Ebbertz, Lothar — Die Entwicklung der bayerischen Brauwirtschaft in: **Brauwelt Nr. 4**, 1996, S. 146-151.

el Obeid, Suhail — Innovationen und Trends bei AfG und Biermischgetränke in: **Brauwelt Nr. 42/43**, 2000, S. 1690.

Erling, Ferdinand — **125 Jahre Brauwesen** im Spiegel der Zeitgeschichte in: Jubiläumsheft 125 Jahre Brauwelt, Nürnberg 1986, S. 1337-1354.

Fassold, Wolfgang — Zwischen Skepsis und Euphorie. Erwartungen deutscher und österreichischer Brauereien zur PET-Flasche in: **Krones Magazin Nr. 4**, 2000, S. 81-83.

Fischer, Johann — **Brauereiverkäufe** – Eine empirische Analyse zu einem Spezialproblem der Unternehmensbewertung, Diss., TU München 1989.

Flohrs, Günter — Stopp für Ex und Hopp? – Glas, Dosen und PET vor einer ungewissen Zukunft in: **Der Biergroßhandel Nr. 11**, November 2000, S. 11-17.

Foitzik, Bernhard — **Abfüllanlagen** für die Getränkeindustrie: Konzepte, Technik, Trends, Landsberg/Lech 2000.

Foote, Andrea — The world´s local Brewer in: **Beverage World International Nr. 5**, September/Oktober 2000, S. 17-25.

Forster, Frank — 2 x 1 Mio. hl = 1 x 2 Mio. hl. Zusammenführung der Abfüllung von Spaten-Franziskaner und Löwenbräu in: **Krones Magazin Nr. 4**, 2000, S. 66-71.

Forster, Frank — Eins plus Eins gibt Zwei – Zusammenführung der Abfüllung von Spaten-Franziskaner und Löwenbräu in: **Brauindustrie Nr. 1**, Januar 2001, S. 14-17.

Fritzer, Hanspeter — Malzmarkt Germany in: **Hopfenrundschau International**, 1999, S. 52-57.

Geßner, Hans-Jürgen — **Diskontgeschäft** in: Diller, Hermann (Hrsg.), Vahlens Großes **Marketing-Lexikon**, München 1994, S. 214-215.

Geßner, Hans-Jürgen **Verbrauchermarkt** in: Diller, Hermann (Hrsg.), Vahlens Großes **Marketing-Lexikon**, München 1994, S. 1193.

Goebel, Lucas Verbandsarbeit wichtiger denn je in: **Die Privat Brauerei Nr. 10**, 2000, S. 358-360.

Goppel, Thomas Büchsenflut - Dem Zeitgeist nicht nachgeben! In: **Bayernkurier-Report**, 26.4.1997, S. 19.

Guder, Günther GFGH mit „Lust auf Zukunft" in: **Getränkemarkt Nr. 11**, November 2000, S. 776-777.

Harenberg, Bodo (Hrsg.) Das Jahrbuch Nr. 1 – **Aktuell 2000 16. Jg.**, Dortmund 1999.

Heiermann, Martin Henninger – Mit vereinten Kräften in: **Lebensmittel Praxis Nr. 21**, 1999, S. 77.

Heiermann, Martin Vernetzte Partnerschaft in: **Lebensmittel Praxis Nr.2**, 2000, S. 45.

Heiermann, Martin Wendepunkt – Die Umsätze der Bier Branche stagnieren, die Absätze schrumpfen. Die deutschen Brauer diskutieren über Preise und Fusionen in: **Lebensmittel Praxis Nr. 5**, 2000, S. 42.

Heiermann, Martin — Special Bier – Zwischenhoch in: **Lebensmittel Praxis Nr. 10**, 2000, S. 34-35.

Helmer, Wolfgang — Brauergilde trotz widriger Marktbedingungen optimistisch in: **FAZ Nr. 34**, 10.2.1999, S. 22.

Helmer, Wolfgang — Einbeck erhöht Bierausstoß in: **FAZ Nr. 39**, 16.2.1999, S. 21.

Herzog, Alexander — Wendemarken – Wie steht´s um die ostdeutsche Brauwirtschaft? 10 Jahre danach ... in: **Hopfenrundschau International**, 1999, S. 11-12.

Heyse, Karl-Ullrich — Vorwort in: **Brauwelt-Brevier** 1999, Nürnberg 1999, S. 3.

Heyse, Karl-Ullrich — Globalisierung des Biermarktes geht weiter in: **Brauwelt Nr. 49/50**, 1999, o.S.

Heyse, Karl-Ullrich — Bier in der Öffentlichkeit in: **Brauwelt Nr. 8**, 2000, o.S.

Höllhuber, Dietrich / Kaul, Wolfgang — **Die Biere Deutschlands**, 2. verb. und erw. Aufl., Nürnberg 1993.

Hofmann, Ulla — Karlsberg bringt im Oktober Bier in der Plastikflasche in: **FAZ Nr. 227**, 30.9.1999, S. 28.

Horn, Michael	Internationale Biermarken in Deutschland in: **Brauwelt Nr. 51/52**, 1999, S. 2450-2452 u. S. 2471.
Huber, Helmut W.	Brauwirtschaft im Umbruch in: **Brauwelt Nr. 24/25**, 1999, S. 1106.
Jaspert, Werner	Brauereien weiter im Rückwärtsgang in: **SZ Nr. 20 BY**, 23.1.1999, S. 20.
Joh. Barth & Sohn GmbH & Co.	**Der Barth Bericht** Hopfen **1999/2000**, Nürnberg 2000.
Jones, Simon	German brewers face up to difficult times in: **Brewers' Guardian Nr. 10**, Oktober 2000, S. 32-33.
Kaiser, Manfred	Was ist zu tun, wenn ein Weltruf auf dem Spiel steht? in: **WELT Bier-Report, Heft 124**, September 1993, S. 50-53.
Kalinowski, Andreas B.	Vielfältig. Gebinde für die „jungen Wilden“ in: **Getränkefachgroßhandel Nr. 10**, Oktober 2000, S. 622-625.
Kann, Dieter / Latz-Weber, Herbert / Mühlwitz, Guido	**Bier für Dummies**, Bonn 1998.

Kelch, Kai — 10-Jahres-Vergleich der Brauereigruppen und Privatbrauereien in: **Brauwelt Nr. 47**, 1999, S. 2219-2251.

Kelch, Kai — Die 20 größten Biermarken mit ihrem Inlandsabsatz im Jahresvergleich 1999 zu 1998 in: **Brauwelt Nr. 6/7**, 2000, S. 220-221.

Kelch, Kai — Die Entwicklung der Brauereigruppen und Privatbrauereien mit einem Gesamtausstoß über 2,0 Mio hl im Jahr 1999 im Vergleich zu 1998 in: **Brauwelt Nr. 11**, 2000, S. 409-410.

Kempcke, Thomas — Kostenvorteile für die Dose in: **Dynamik im Handel Nr. 11**, 1994, S. 38-43.

Kickuth, Rolf — Market Focus: Germany – Not just beer in: **Beverage World International Nr. 5**, September/Oktober 2000, S. 30-33.

Kieffer, Jean — Biermarkt im Wandel in: **Dynamik im Handel Nr. 8**, August 1995, S. 73-74.

Klinger, Fred — **Braugewerbe** und Braukunst mitten **in Bayern** – Ingolstäder Brauereigeschichte im Rahmen der Entwicklung des Bayerischen und Deutschen Brauwesens, Ingolstadt 1997.

Knop, Carsten — Schlechte Stimmung beim Bier in: **FAZ Nr. 295**, 19.12.1998, S. 13.

Koch, Brigitte — Dänische Tuborg-Brauerei übernimmt Gatzweiler in: **FAZ Nr. 104**, 6.5.1999, S. 24.

Krause, Udo — **Bierbrauen**, München 1995.

Krauss, Thomas — Die Gastronomie – Umsatzträger der Privatbrauer !? in: **Brau Ring Magazin Nr. 17**, November 2000, S. 16-17.

Kuhl, Volker — Erfolgreiches **Bier - Marketing** nach dem Urteil des EUGH zum Reinheitsgebot: Marketing-Entscheidungen der deutschen Brauindustrie nach dem Verfahren des Europäischen Gerichtshofes um die Anwendung des Reinheitsgebotes auf Importbiere, Frankfurt/Main u.a. 1990.

Kuhl, Volker — **Marktstruktur** und Marketing-Strategien in der Brauindustrie in: Müller, Wolfgang / Bauer Hans H. (Hrsg.), Wettbewerbsvorteile erkennen und sichern: Erfahrungsberichte aus der Marketingpraxis, Neuwied u.a. 1994, S. 91-111.

Kunze, Wolfgang — Brauwirtschaft Int. – 30. Brauerei-Symposium in Pilsen in: **Brauerei Forum Nr. 11**, November 2000, S. 312.

Lang, Detlef	Bierabsatz auf Vorjahresniveau in: **Getränke Zeitung Nr. 23**, November 2000, S. 10.
Lang, Detlef	Preisdisziplin bei den Brauern in: **Getränke Zeitung Nr. 23**, November 2000, S. 20.
Lang, Detlef	Süddeutschland im Visier in: **Getränke Zeitung Nr. 23**, November 2000, S. 2.
Lange-Hermstädt, Gerald	Erfolgreich in die Zukunft in: **Getränke-Ring Aktiv Nr. 2**, 2000, S. 124-129.
Latz-Weber, Herbert	Abwechslungsreich in: **Getränkefachgroßhandel Nr. 10**, Oktober 2000, S. 608-612.
Latz-Weber, Herbert	Preisk(r)ampf ohne Ende in: **Lebensmittel Praxis Nr. 10**, 2000, S. 32-33.
Latz-Weber, Herbert	Markt der Getränke im Wandel in: **Getränke-Verpackungen Sonderheft**, November 2000, S. 8.
Leventhal, Josh	**Bier** – Geschichte, Herstellung, Sorten und Marken, Köln 1999.
Lill, Uwe	Für die Brauwirtschaft das schwierigste Jahr seit langem in: **FAZ Nr. 28**, 3.2.1999, S. 22.

Lill, Uwe	Binding-Gruppe kämpft in schwierigem Markt um mehr Anteile in: **FAZ Nr. 127**, 5.6.1999, S. 19.
Lindner, Roland	Ein minimales Plus gilt in der Bierbranche als großer Erfolg in: **FAZ Nr. 193**, 21.8.1999, S. 24.
Lohberg, Rolf	Das große **Lexikon vom Bier**, Wiesbaden 1984.
Lück, Sabine Anne	Verfehlt das ökologische Ziel in: **BVL intern Nr. 1**, 2000, S. 1-2.
Lück, Wolfgang	**Logistik** – Grundlagen der Logistik und Ergebnisse einer empirischen Untersuchung in der Brauwirtschaft, 2. Aufl., Krefeld 1992.
Lück, Wolfgang	Controlling in der Brauwirtschaft in: **Brauwelt Nr. 19**, 1999, S. 868-870.
Lück, Wolfgang	Controlling in der Brauwirtschaft in: **Brauwelt Nr. 23**, 1999, S. 1054-1058.
Lück, Wolfgang / Siebert, Hilmar	Betriebswirtschaftliche Aspekte von Gasthausbrauereien in: Eschenbach, Rolf (Hrsg.), **Gasthausbrauereien** Konzeption, Bau und Technik, Marketing, Nürnberg 1993, S. 87-95.

Manger, Hans-J. Die PET-Bierflasche aus technologischer Sicht – eine kritische Betrachtung in: **Brauerei Forum Nr. 11**, November 2000, S. 316-317.

Marx, Gundula GFGH weiter unter Druck in: **Der Biergroßhandel Nr. 11**, November 2000, S. 5-6.

Marx, Thomas Internationale **Marketingstrategien** in der deutschen Brauwirtschaft, Frankfurt/Main u.a. 1998.

Meffert, Heribert **Marketingstrategien** in stagnierenden und schrumpfenden Märkten in: Pack, L./Börner, D. (Hrsg.), Betriebswirtschaftliche Entscheidung bei Stagnation – Festschrift für Edmund Heinen zum 65. Geburtstag, Wiesbaden 1984, S. 37-72.

Mergaten, Walter Nüchtern betrachtet: Was alles zu einem guten Bier gehört in: Schumann, Uwe-Jens (Hrsg.), **Deutschland Deine Biere**, Augsburg 1997, S. 25-54.

Meyer, Anton Schwachstellen im Marketing in: **Brauwelt Nr. 42/43**, 2000, S. 1722.

Nagel, Bernhard / Brüggelambert Gregor **Markt und Konzentration** in der Brauwirtschaft, 3. Aufl., Nürnberg 1991.

Nelson, Larry — The world according to Interbrew in: **Brewers' Guardian Nr. 10**, Oktober 2000, S. 16-20.

Niklaus, Werner — Vom Abholmarkt zum Getränkefachmarkt in: **Dynamik im Handel Nr. 8**, 1993, S. 16-22.

Oberreuther, Heinrich — Land (Freistaat) **Bayern** in: Andersen Uwe / Woyke Wichard (Hrsg.), Handwörterbuch des politischen Systems der Bundesrepublik Deutschland, 3. Aufl., Opladen 1997, S. 255-263.

Ohneis, Gerhard — Bayerischer Brauerbund e.V. in: **Hopfen-Rundschau Nr. 11**, November 2000, S. 236-237.

Omlor, Dirk — Aus der Not geboren in: **Getränke Fachgroßhandel Nr. 10**, Oktober 2000, S. 614-617.

o.V. — Gesamtabsatz in Deutschland Januar bis September 2000 in: **Brauerei Forum Nr. 11**, November 2000, S. 326.

o.V. — Winter-Spezialitäten jetzt wieder erhältlich in **Brauerei Forum Nr. 11**, November 2000, S. 328.

o.V. — Bayerischer Brauertag in: **Brauerei Journal Nr. 10**, Oktober 2000, S. 395.

o.V. Wahrsteiner meets Miller in: **Brauerei Journal Nr. 10**, Oktober 2000, S. 415.

o.V. EU-Kommission plant eigene Mehrwegquote in: **Brauerei Journal Nr. 11**, November 2000, S. 457.

o.V. Völliges Werbeverbot für Alkohol gefordert in: **Brauindustrie Nr. 1**, Januar 2000, S. 9.

o.V. Silberstreif am Horizont in: **Brauindustrie Nr. 10**, Oktober 2000, S. 532.

o.V. 25 Jahre Kooperationserfahrung in: **Brau Ring Magazin Nr. 15**, September 1998, S. 26-32.

o.V. Engagement für die Umwelt als Wettbewerbsvorteil in: **Brau Ring Magazin Nr. 17**, November 2000, S. 12.

o.V. Absatz über Tankstellen in: **Brauwelt Nr. 51/52**, 1999, S. 2449.

o.V. Bierabsatz 1999 mit leichtem Zuwachs in: **Brauwelt Nr. 6/7**, 2000, S. 212.

o.V. GFGH im Wandel der Zeit in: **Brauwelt Nr. 8**, 2000, S. 281-282.

o.V. Bierkonsum 1999: 127,5 l in: **Brauwelt Nr. 11**, 2000, S. 399.

o.V. Branchenprobleme im Blickpunkt in: **Brauwelt Nr. 11**, 2000, S. 398.

o.V. Bund der Doemensianer e.V. - Sektion Bamberg und Umland in: **Brauwelt Nr. 45**, November 2000, S. 1963.

o.V. Beer output in Russia: +27% in: **Brauwelt International Nr. 5**, Oktober 2000, S. 339.

o.V. The world´s 10 largest brewing groups in: **Brauwelt International Nr. 5**, Oktober 2000, S. 334.

o.V. Trends and developments at Brau 2000 in: **Brewing & Distilling International Nr. 10**, Oktober 2000, S. 45-47.

o.V. Im Inland weniger Bierdurst in: **Der Biergroßhandel Nr. 11**, November 2000, S. 2.

o.V. Wie ein Highlander in: **Der Biergroßhandel Nr. 11**, November 2000, S. 29-30.

o.V. Die Legende vom Dickmacher – Untersuchungen widerlegen das alte Vorurteil in: **Der Neue Tag Nr. 94**, 22-24. April 2000, Sonderveröffentlichung, o.S.

o.V. „Sparkling Bier“ der Hütt-Brauerei Bettenhäuser kommt gut an in: **Deutsche Getränke Wirtschaft Nr. 10**, Oktober 2000, S. 13.

o.V. Tucher: Selbstkühlendes Bierfaß rettet jede Party in: **Deutsche Getränke Wirtschaft Nr. 10**, Oktober 2000, S. 33.

o.V. Bierabsatz stieg im August um 5,6 Prozent in: **Die Privat Brauerei Nr. 10**, 2000, S. 355.

o.V. Karlsberg überschreitet eine-Mrd-Umsatz-Grenze in: **Die Privat Brauerei Nr. 11/12**, 2000, S. 391.

o.V. 72 Prozent befürworten ein „Dosenpfand“ in: **Die Privat Brauerei Nr. 11/12**, 2000, S. 390.

o.V. Stagnation im Biermarkt in: **Dynamik im Handel Nr. 8**, August 1993, S. 30-31.

o.V. Dänen haben die Nase vorn – Internationale Bier gewinnen Marktanteile in: **Dynamik im Handel Nr. 8**, August 1995, S. 67-68.

o.V. Die Konzentration in der Brauwirtschaft geht weiter in: **FAZ Nr. 166**, 21.7.1998, S. 19.

o.V. Brau 2000 – Branchentreff mit attraktivem Rahmenprogramm in: **Getränkefachgroßhandel Nr. 10**, Oktober 2000, S. 618-620.

o.V. Zeller Münster – Plazierungswettbewerb für Marktleiter in: **Getränke-Ring Aktiv Nr. 2**, 2000, S. 123.

o.V. Zwangspfand als Mehrwegsschutz? In **Getränke-Verpackung Sonderheft**, November 2000, S. 9.

o.V. Reorganisation in: **Lebensmittel Praxis Nr. 21**, 1999, S. 78.

o.V. Verbraucher Test & Kunde – CMA-Umfrage Bier: Szene-Getränk in: **Lebensmittel Praxis Nr. 4**, 2000, S. 77.

o.V. Zwischen Menge und Marke in: **Lebensmittel Praxis Nr. 4**, 2000, S. 28-30.

o.V. Kölsch-Kapriolen in: **Lebensmittel Praxis Nr. 10**, 2000, S. 39-40.

o.V. Markt im Überblick - Etwas besser eingeschenkt in: **Lebensmittel-Report Nr. 4**, April 2000, S. 64-74.

o.V. Marketing Euromonitor Beer Report – The Global Beer Market in: **The World of Beer** - News and Views on the Best of International Brewing **Nr. 28**, 2000, S. 26-30.

Petersen, Christoph Des Brauers neue Kleider in: **Getränkefach-großhandel Nr. 10**, Oktober 2000, S. 654-655.

Porter, Michael E. **Wettbewerbsvorteile** (Competetive Advantage), Frankfurt, New York, 1986.

Porter, Michael E. **Wettbewerbsstrategie** (Competetive Strategy), 8. Aufl., Frankfurt, New York 1995.

Priller, Sebastian **Zukunftsaussichten** mittelständischer Brauerei-unternehmen in der Bundesrepublik Deutschland, Diss., St. Gallen 1979.

Pschorr, Josef **Marketing** von Markenbieren unter besonderer Berücksichtigung wettbewerbsorientierter und markentechnischer Gesichtspunkte, Krefeld 1992.

Rodrian, Gerd Chinas Biermarkt über 200 Mio. hl in: **Krones Magazin Nr. 4**, 2000, S. 7.

Röhrscheid, Jürgen — Im fränkischen Bierland geht die Krise um in: **FAZ Nr. 256**, 3.11.1999, S. W5.

Rudolf, Karl — **Bier** – Der **Guide** für Kenner und Genießer, München 1998.

Schäfers, Bernhard — **Politischer Atlas** Deutschland: Gesellschaft, Wirtschaft, Staat, Bonn 1997.

Schaper, Markus — Beer in Polyester Bottles. Bottling System Compatibility in: **Drink Technology & Marketing Nr. 3**, September 2000, S. 24-26.

Schmucker, Fritz L. — Die **Struktur der** deutschen **Brauindustrie** in: Institut für Bilanzanalysen GmbH (Hrsg.), Die Brau-Industrie in der Bundesrepublik Deutschland, Frankfurt/Main 1973, S. 4-10.

Schneider, Georg — Maß-Marketing in: **GeschäftsWelt Nr. 11**, 1995, S. 1.

Schnorbus, Axel — Holsten setzt auf die Freundschaft und erhöht den Absatz in: **FAZ Nr. 98**, 28.4.1998, S. 27.

Schnorbus, Axel — Holsten: Getränkeabsatz stabil in: **FAZ Nr. 32**, 8.2.1999, S. 22.

Schnorbus, Axel	Holsten kann bei weiter sinkendem Bierkonsum Marktanteile gewinnen in: **FAZ Nr. 95**, 24.4.1999, S. 17.
Schnorbus, Axel	Holsten: Mehr Absatz, aber kein höherer Ertrag in: **FAZ Nr. 187**, 14.8.1999, S. 15.
Schöffel, Christoph	Gebindevielfalt als Herausforderung in: **Dynamik im Handel Nr. 8**, 1993, S. 23-26.
Schulte, Axel	Erhöhung der Wettbewerbsfähigkeit durch Optimierung der Wertschöpfung in: **Brauwelt Nr. 31/32**, 1996, S. 1466-1473.
Schulters, Johannes	Ein neuer Trend – Hotels mit integrierter Gasthausbrauerei in: **Brauerei-Journal Nr. 10**, Oktober 2000, S. 404-405.
Schur, Fritz	Noch lange nicht ausgereizt in: **Brauindustrie Nr. 10**, Oktober 2000, S. 562-567.
Schur, Fritz	Innovationen im Biermarkt in: **Brauwelt Nr. 42/43**, 2000, S. 1690-1691.
Schwarzer, Horst	Aktuelle **Biermarkt-Perspektiven** für den allgemeinen und den speziellen Gebrauch, Nürnberg 1992.

Seidl, Conrad — **Noch ein Bier** – Reisen zu den Stätten europäischer Braukunst, Wien 1993.

Seidl, Conrad — Auf den Hopfen kommt es an! in: **Hopfenrundschau International**, 1999, S. 44-46.

Statistisches Bundesamt (Hrsg.) — **Datenreport** 1999, Bonn 2000.

Statistisches Bundesamt — **Statistik 1999 Fachserie 4**, Reihe 4.1.1., Stuttgart, Wiesbaden 2000.

Statistisches Bundesamt — **Statistik 1999 Fachserie 14**, Reihe 9.2.2., Stuttgart, Wiesbaden 2000.

Stauder, Thomas — **Qualitätsmanagement** im Kundenservice: Logistik, Finanzierung und Beratung im deutschen Biermarkt, Wiesbaden 1995.

Thielen, Angelika — Pfand-Fronten werden härter in: **Getränke Zeitung Nr. 23**, November 2000, S. 4.

Thielen, Angelika — Wer siegt im Einweg-Kampf in: **Getränke Zeitung Nr. 23**, November 2000, S. 1.

Valcavi, Giuliana — CBMC data - A Lager Beer for Europe in: **The World of Beer -** News and Views on the Best of International Brewing **Nr. 28**, 2000, S. 6- 20.

Verstl, Ina — Nordic Connection – The merger of Carlsberg's and Orkla'' brewing interests in: **Brauwelt International Nr. 5**, 2000, S. 350-354.

Viganò, Lorenzo — The Knight ... Advances in: **The World of Beer** – News and Views on the Best of International Brewing **Nr. 28**, 2000, S. 48-50.

Wiese, Frank — Der **Strukturwandel** im deutschen Biermarkt Eine Analyse unter besonderer Berücksichtigung des Konsumentenverhaltens und der Absatzpolitik der Brauereien., Diss., Köln 1993.

Wiesheu, Otto — Das starke fünfte Element in: Bier aus Bayern Bier für die Welt, **Bayernkurier-Report**, 26.4.1997, S. 17.

Wirth, Karl-Dieter — Wie weit soll die Automation im mittelständischen Betrieb gehen? in: **Brau Ring Magazin Nr. 15**, September 1998, S. 10-11.

Zelle, Andrea — **Markterschließungsstrategien** einer mittelständischen Brauerei ausländischen Märkten, München 1996.

Quellenverzeichnis

Ausstellung des Bayerischen Brauerbundes vom 14.10.-15.10.2000 in der Klosterbrauerei Weltenburg / Kehlheim.

Bayer. Staatsministerium für Ernährung, Landwirtschaft und Forsten/CMA Deuschland/Bayer. Brauer	**Bayern Region aktuell Nr. 1**, 1999.
CBMC	The Brewers of Europe/ **Die Europäischen Brauer**/ Les Brasseurs Européens.
CBMC	**Beer Facts** 1999 (Data 1998), 1999.
CBMC	Bierkultur und Brauwirtschaft - **Die Industrie und die Verbraucher**, **www.cbmc.org/depages/indust.htm**, 25.11.2000.
CMA	CMA-**Presse-Unterlagen Brau 2000,** 15.-17. November 2000.
CMA	**Lust auf Bier**, Bonn o.J.
Deutscher Brauer-Bund e.V.	DBB intern – **Die Zukunft des Bierkonsums, www.brauer-bund.de/news/presse/aktuell8.htm**, 25.11.2000.

Edeka	E-center Werbung in: Vereinigung der Kaufleute im Donau-Einkaufszentrum e.V. (Hrsg.), **Erlebnis Nr. 3**, März 2000, S. 20.
IKB Deutsche Industriebank AG	IKB **Branchenbericht Brauereien** 1996: Sinkende Renditen über alle Größenklassen hinweg, Düsseldorf 1998.
Infodienst	**Top-Five der Öko-Biere, www.info-dienst.de**, 21.9.2000.
Infodienst	**Brau und Brunnen soll zerschlagen werden, www.info-dienst.de**, 22.12.2000.
Infodienst	**Fusioniert Interbrew mit SAB?, www.info-dienst.de**, 22.12.2000.
Infodienst	**Pilsner Urquell mit rasanter Entwicklung, www.infodienst.de**, 22.12.2000.
Kaiserdom	**Contract Filling**, Bamberg, o.J.
Krones AG	**Geschäftsbericht 1997**, Neutraubling1998.
Krones AG	**Mittelstandsseminar** – Die Standardanlage – eine Investition, die sich rechnet, 12.-13.10.1998, Neutraubing 1998.

Meier, Reinhard	Rede zur Hauptversammlung der Würzburger Hofbräu AG am 18. Mai 2000. [zit.: **Rede HV 18. Mai 2000**]
Miller, Josef	Grußwort in: NürnbergMesse GmbH (Hrsg.), **Brau 2000** Katalog, Nürnberg 2000, S. 4-5.
Private Brauerei-gasthöfe	Gern Gast sein im privaten Brauereigasthof, 2000.
Schinner, Hans	Rede anläßlich der Pressekonferenz zum Starkbieranstich 2000 der mittelständischen Privatbrauereien am 9. März 2000. [zit.: **Rede 9. März 2000**]
Statistisches Bundesamt	**Pressemitteilung vom 2. Februar 2000.**
Unternehmensberatung Weihenstephan GmbH	**Studie: „Handelsmarken im Aufwind?“**, Freising 2000.
Verband Deutscher Hopfenpflanzer e.V.	**Presseinformation** Brau 2000, 15.-17. November 2000.
Würzburger Hofbräu AG	**Geschäftsbericht** über das Geschäftsjahr **1997/98**, Würzburg 1999.

Persönliche Auskünfte:

Herr Frank Forster (Krones AG Neutraubling):

Gespräche am 11.10.2000 und am 15.11.2000.

Herr Direktor Reinhard Meier (Würzburger Hofbräu AG):

Gespräche am 14.11.2000 und am 18.12.2000.

Herr Hermann Hönig (Siemens AG – Anlagenbau und Technische Dienstleistungen Nahrungs- und Genußmittelindustrie Würzburg):

Gespräch am 8.12.2000.

Herr Dr. Christian Bickert (DLG Frankfurt):

Gespräch am 26.12.2000.

FSC
www.fsc.org
MIX
Papier | Fördert gute Waldnutzung
FSC® C083411

Kolibri 360 GmbH
Ferdinand-Jühlke-Straße 7
99095 Erfurt, Deutschland
produktsicherheit@kolibri360.de